Für ein offenes Jerusalem

Theo Sundermeier

Für ein offenes Jerusalem

Palästinensische Christliche Kunst heute

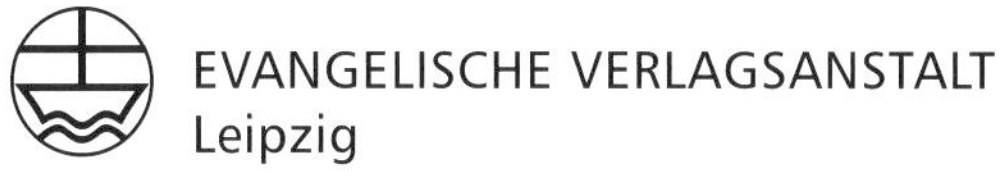
EVANGELISCHE VERLAGSANSTALT
Leipzig

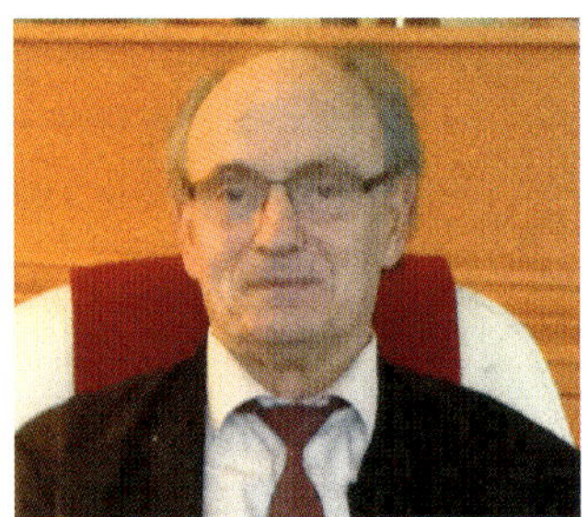

Theo Sundermeier, geb. 1935 in Bünde Westf., lehrte von 1964–1974 an verschiedenen Seminaren im südlichen Afrika und ist Prof. em. der Theologischen Fakultät und der damaligen Fakultät für Orientalistik und Altertumswissenschaften der Universität Heidelberg. Neben religions- und missionswissenschaftlichen Arbeiten hat er zahlreiche Texte zur Hermeneutik des Fremden und zur christlichen Kunst in Deutschland, Afrika und Ostasien veröffentlicht.

Bibliographische Information der Deutschen Nationalbibliothek
Die Deutsche Nationalbibliothek verzeichnet diese Publikation in der Deutschen Nationalbibliographie; detaillierte bibliographische Daten sind im Internet über http://dnb.dnb.de abrufbar.

Printed in EU · H 7739

Das Buch wurde auf alterungsbeständigem Papier gedruckt.

Gesamtgestaltung: Kai-Michael Gustmann, Leipzig
Druck und Binden: GRASPO CZ a. s. Zlín

ISBN 978-3-374-03791-9
www.eva-leipzig.de

Mitri Raheb und Viola Raheb

für ihren unermüdlichen Einsatz für Frieden und Versöhnung

Vorwort

In Antwort auf das Kairos-Dokument „Die Stunde der Wahrheit. Ein Wort des Glaubens, der Hoffnung und der Liebe aus der Mitte des Leidens der Palästinenser und Palästinenserinnen" (2009), ein Hilferuf, eine Mahnung und Bitte an die Christen in aller Welt, die Situation in Palästina endlich wahrzunehmen und in ihrer Umgebung aktiv daran teilzunehmen, trafen sich im Jahre 2011 Christen verschiedener Nationalitäten und Kirchen in Bethlehem, um über eine gemeinsame Antwort auf das Kairos-Dokument und weitere Aktionen zu beraten und wie das Schweigen der Weltpresse, die sich fast ausschließlich auf Israels Situation fokussiert, durchbrochen werden kann. In ihrem Gemeinsamen Wort „The Bethlehem Call. Here we stand – Stand with us" wurde die dringende Bitte der Palästinenser ausgesprochen: „Kommt und seht. Die Olivenhaine, die Bulldozer, die alten Terrassen, die voneinander getrennten Städte".

„Kommt und seht". Auf diese Bitte haben Burghard Bock und Will Tondok reagiert und einen Reiseführer „Palästina", 2011, herausgegeben, in dem sie detailliert die Möglichkeiten zeigen, wie man sich Palästina erwandern kann, welche Schätze zu entdecken sind, wo man übernachten, wie und wo man Menschen treffen und durch persönliche Begegnungen mehr über die wirkliche Situation des Landes erfahren kann.

Auch wenn der Plan zu diesem Buch schon vor längerer Zeit gefaßt war, ich nehme gern den Ruf palästinensischer Christen auf, wähle aber als Antwort den besonderen Weg der Kunst. Auf die Frage, warum er Schriftsteller geworden sei, antwortete einmal Max Frisch: „Man möchte gehört werden. Man gibt Zeichen von sich, um zu erfahren, ob wir einander verstehen." Eben diese Zeichen der palästinensischen Künstler möchte ich wahrnehmen und verstehen. Ich frage die Künstler, wie sie ihre Situation erleben und in ihrer Kunst sichtbar machen. Künstler sind sensible Interpreten ihrer Zeit und ihres Lebens. Ihre Kunst führt uns ins Herz ihres Lebens und ihrer Zeitanalysen.

Dabei konzentriere ich mich zunächst und vor allem auf christliche Künstler, ohne daß einem Exklusivismus gehuldigt wird. Bei manchen Künstlern, deren Werke ich in einer Ausstellung in Nazareth gesehen habe, weiß ich nicht, welcher Religion sie angehören. Alle, auch die muslimischen Künstler, leben in einem Umfeld, das tief von der christlichen Tradition geprägt ist, so daß christliche Symbole fast wie von selbst in ihre Werke einfließen. Ihre Stimme ist wichtig, weil sie deutlich macht, wie eng die verschiedenen Kulturen in diesem Land miteinander verflochten sind.

Palästinensische Christen gehören im Nahen Osten zu einer Gruppe, die durch Abwanderung beängstigend dezimiert wird.[1] Ihre Stimme darf nicht verloren gehen. Ihre Botschaften müssen gehört werden, gerade auch von uns Deutschen, die wir aus gutem Grund gelernt haben, auf Israels Glauben zu hören und von ihm zu lernen. Das darf jedoch kein Anlaß sein, die Stimme derer nicht zu beachten, die Nachkommen der ältesten Christenheit sind, deren Wurzeln tief im Boden des Landes verwurzelt sind, das vielen Konfessionen und Religionen heilig ist. Wie bringen sie beides zusammen, täglich gefährdet zu sein und infrage gestellt zu werden, gerade auch von denen, die wie sie ihren Halt in der Bibel finden, Juden und (fundamentalistischen) Christen, und dennoch ihren Glauben leben?

Die Künstler sind Palästinenser und Christen, beides zugleich, von beiden Traditionen gleicherweise geprägt. Nur wenn man das

---

1 Vgl. dazu R. A. Q. Collings, R. O. Kaasis, M. Raheb (Hrsg.), Palestinian Christians in the Westbank. Facts, Figures and Trends, Bethlehem 2012.

ernst nimmt, wird man ihre Botschaft verstehen. Als Palästinenser gehören sie dem arabischen Kulturkreis an. Sie sprechen und denken wie Araber. Man darf sie nicht von dieser Kultur trennen. Im Gegenteil, ein inkulturiertes Evangelium kommt in ihrer Kunst zur Sprache, das sich entschlossen der Zeitgenossenschaft stellt. Genauer sollte man von einer interkulturell geprägten Kunst sprechen, denn sie alle sind – wie wir noch sehen werden – sowohl von der arabischen Kultur wie von der abendländischen Kunsttradition beeinflußt. Beides schmilzt in ihren Bildern zusammen.

Für unser Thema ist es deshalb notwendig, den palästinensischen Hintergrund zumindest an einigen Themen auch mit Hilfe der Künstler deutlich zu machen, die sich nicht dem christlichen Glauben verpflichtet fühlen. Christen und Muslime leben auf engstem Raum in Palästina zusammen. Die Künstler wollen nicht voneinander getrennt und gegen einander ausgespielt werden. Sie bieten gemeinsame Ausstellungen an, wenden sich gemeinsam an die Öffentlichkeit. Sie wollen gesehen und gehört werden, wo immer sie auch leben, in Israel, in den palästinensischen Gebieten, im Exil.

Bei der Vorbereitung dieses Buches habe ich von vielen Seiten Unterstützung erfahren. An erster Stelle sei Nastas Faten Mitwasi aus Bethlehem genannt. Sie hat die Begegnung mit Künstlern in ihrer Nähe und in Israel ermöglicht. Hilfreich zur Orientierung war Dr. Uwe Gräbe, seiner Zeit Probst der Evgl. Lutherischen Kirche in Jerusalem. Meine Kinder Erdmute und Wolfram haben mir bei zwei Reisen wichtige Assistenz geleistet, ebenso Alexander Ebert. Tobias Stäbler war auf der letzten Reise, die mich vor allem nach Galiläa führte, ein wichtiger Begleiter und vorzüglicher Photograph. Welche Aufnahmen von ihm sind, ist am Ende des Buches vermerkt.

Alle Künstler und Künstlerinnen gaben mir spontan die Erlaubnis, ihre Bilder abzudrucken. Für die Künstler der Ausstellung in Nazareth zum Thema „Oliven“ gab der Galerist die Erlaubnis zum Abdruck.

Ihnen allen sei an dieser Stelle gedankt.

Das Buch widme ich den Geschwistern Viola und Mitri Raheb. Viola Raheb war die erste Palästinenserin, die mich, der ich in einem Elternhaus aufgewachsen bin, dessen Interesse sich – biblisch geprägt – allein auf das Werden des Staates Israel konzentrierte, während ihres Studiums in Heidelberg und in meinen Seminaren auf die Wirklichkeit und Situation der Palästinenser aufmerksam machte. Unvergeßlich ist mir der Besuch in ihrem Elternhaus direkt neben der Geburtskirche in Bethlehem. Damals lebte ihre Mutter noch. Dr. Mitri Raheb hat mir wichtige Hinweise gegeben und mich vor allem an Nastas Faten Mitwasi verwiesen, ohne deren Hilfe dieses Buch nicht zustande gekommen wäre. Beider Bücher (s. Literaturverzeichnis) haben mir geholfen, das Leben und die Situation der palästinensischen Künstler auch atmosphärisch besser zu verstehen. Ihr unermüdlicher Einsatz für ein friedliches Zusammenleben von Muslimen und Christen und die Versöhnung zwischen Palästinensern und Israelis verdient allen Respekt und jede Unterstützung.

Heidelberg, im Juni 2013

Inhalt

Einleitung

Es ist hier nicht möglich, den politischen, sozialen und religiösen Hintergrund und die historischen Zusammenhänge zu beschreiben, die die palästinensischen Künstler im Einzelnen prägen. Sie wollen zeitgenössische Kunst machen und von ihren Zeitgenossen verstanden werden. Die Literatur dazu ist kaum mehr überschaubar. Eine Auswahl erscheint am Ende des Buches. Ich weise besonders auf zwei vorurteilsfreie, ausgewogene Darstellungen hin: „Naher Osten. Christen in der Minderheit", Hamburg 2012; D. Viehweger, „Streit um das Heilige Land. Was jeder vom israelisch-palästinensischen Konflikt wissen muß", Gütersloh 2013, 4. Aufl. Im Folgenden kann es nur darum gehen, die Atmosphäre und Lebenslage anzudeuten, in der und aus der heraus die Künstler ihre Arbeit bewältigen.

Die Existenz und das Selbstverständnis des Staates Israel und der palästinensischen Bevölkerung werden geprägt durch zwei historische Ereignisse, die Denken und Handeln der Menschen auf beiden Seiten bestimmen: der Holocaust und die „Katastrophe" (Nakba), die Vertreibung der Palästinenser im Jahre 1948. Mehr als 700 000 Menschen verließen ihr Land, wurden zu Flüchtlingen, von niemandem gern gesehen. Der Völkermord an den Juden und die Vertreibung der Palästinenser aus ihrer angestammten Heimat sind numerisch und moralisch nicht zu vergleichen, dennoch besteht die Tragik darin, daß der Staat, der u.a. für jüdische Flüchtlinge geschaffen wurde, seinerseits ein tragisches Flüchtlingsproblem geschaffen hat. Beide Ereignisse sind so identitätsbildend, daß sie geradezu mythologisch hochstilisiert werden. Wichtige historische Details werden dabei übersehen oder verdrängt. Dazu gehört, daß es u. a. die Vereinigten arabischen Truppen der umliegenden Staaten waren, die die Palästinenser aufgefordert hatten, wegen des Kampfes das Land zu verlassen, denn sie würden nach dem baldigen Sieg in ihre Städte und Dörfer zurückkehren können. Die Palästinenser flohen mit nur dem Nötigsten in den Händen. Die Juden okkupierten nach ihrem Sieg das scheinbar leere Land, 400 Dörfer wurden zerstört und die Rückkehr der ursprünglichen Besitzer endgültig verhindert. Statt der ihnen von der UNO zugesprochenen 56 % des Landes (UN Resolution 181) beherrschten sie nun 77 %. Der Sechstagekrieg (1967), in dem Israel die Westbank, die Golanhöhen und den Gazastreifen eroberte, war der weitere Anlaß, vierzig Dörfer der Palästinenser radikal zu zerstören. 40 000 Palästinenser verließen jetzt fluchtartig das Land. Der Jom-Kippur-Krieg (1973), wenn auch von Ägyptern als Sieg gefeiert, zeigte ein weiteres Mal die Überlegenheit der israelischen Streitkräfte. Israel war nun Herr im ganzen Land. Ein Friedensprozeß sollte auf Druck der USA begonnen werden (1998). Die 1987 von Jordanien an die Palästinenser übergebene Westbank wurde in verschiedene Zonen eingeteilt: Einige kleine Gebiete wurden zur Zone A deklariert (Nablus, Jericho, Ramallah, Bethlehem, Ostjerusalem u. a.) und der autonomen palästinensischen Behörde unterstellt. Eine Zone B wird gemeinsam mit den Israelis kontrolliert. Die restlichen 73 % der Westbank unterstehen ausschließlich Israel. Das bedeutet, daß kein Palästinenser sich außerhalb des engen Territoriums bewegen kann, ohne ständig Grenzkontrollen von Seiten junger Israelis (Soldaten und Soldatinnen) oder von Kontrolltürmen (so neuerdings) ausgesetzt zu sein. Die Demütigungen und willkürlichen Schikanen, die die Grenzgänger auf ihrem Weg in ihre Olivenhaine oder zur Arbeit in Israel erleben, sind oft dokumentiert, gerade auch von jüdischen Frauen, die sich für den Friedensprozess einsetzen. Selbst ausländische Besucher können ein Lied von diesen Schikanen singen.

Zweimal haben die Palästinenser sich gegen die israelische Besatzung und die täglichen Demütigungen gewehrt. 1987 begannen Jugendliche, Steine auf die Soldaten zu werfen und versteckten sich, als die Soldaten zu den Waffen griffen und schossen. Dieser Protest Steine werfender Jugendlicher verbreitete sich im ganzen Land und machte zum ersten Mal der Weltöffentlichkeit deutlich, unter welchen Frustrationen die Palästinenser leben und in welcher aussichtslosen Lage sie sich befinden, gerade auch die arbeitslose Jugend.

Als Ariel Sharon am 28. September 2001 den Tempelplatz demonstrativ betrat, brach die 2. Intifada aus, die „Al Aksa Intifada". Sie verlief ungleich brutaler als die erste, die „Intifada der Steine". Die Zahl der Selbstmordattentate nahm zu. Die Täter wurden in der palästinensischen Gemeinschaft als „Märtyrer" gefeiert. Das Bild einer terroristischen Gesellschaft verfestigte sich in der Welt. Israel antwortete mit gezielter Tötung von Palästinensern. Heute soll der Bau einer 8 Meter hohen Mauer dem Schutz der israelischen Bevölkerung dienen. Sie soll über 270 km lang werden. Das Land wird zerteilt, willkürlich und gegen internationales Recht. Die Zahl der Selbstmordattentate ging spürbar zurück. Ob das Ende der „Intifada II" oder eher der Bau der Mauer dazu wesentlich beitrugen, wird unterschiedlich beurteilt.

Der Bau der Mauer, die z. T. willkürlich auf palästinensischem Land errichtet wird und Menschen den Zugang zu ihren eigenen Gärten und Olivenhainen verhindert, unterstreicht auf brutale Weise die Siedlungspolitik der israelischen Regierung, die es zuläßt, daß immer neue Siedlungen auf der Westbank mit eigenen Zugängen und neuen Straßen, die nur von Israelis benutzt werden dürfen, gebaut werden.

Das Osloabkommen von 1993 sah als Ziel die „Zwei-Staaten-Lösung" vor. International wird an ihr noch immer festgehalten. Ob die inzwischen auf palästinensischem Land angesiedelten mehr als 330 000 jüdischen Siedler je wieder ausgesiedelt werden, darf füglich bezweifelt werden. Der Bau der Mauer und die angekündigte, wenn auch für nur kurze Zeit ausgesetzte weitere Freigabe von Neusiedlungen vor Ostjerusalem eröffnen keine positiven Perspektiven. Ob solches Vorgehen dem Frieden dient oder vielmehr Islamisten verstärkt auf den Plan ruft, wird die Zukunft zeigen. Die Lage wird in jedem Fall gefährlicher, für beide Seiten, wenn Landnahme und Gegenreaktionen religiös gerechtfertigt werden. Politische Auseinandersetzungen können leicht in kriegerische umschlagen. Werden sie religiös begründet, steigert das Gewalt und Unversöhnlichkeit ins Unerträgliche.

Wenn die israelische Regierung durch ihre Siedlungspolitik eine „Zwei-Staaten-Lösung" sukzessive unterwandert, welches Ziel verfolgt sie tatsächlich? Ein Blick auf die gegenwärtige geographische Lage, wie sie DIE ZEIT vom 17. 1. 2013 veröffentlichte, zeigt, wie zerrissen die Westbank ist und nur einzelne Inseln noch den Palästinensern zugehören. Ein politisch intakter Staat kann daraus nicht zusammenwachsen, und selbst eine Art Homeland-Politik, wie sie in Südafrika verfolgt wurde, ist unmöglich. Aber was dann? Die „Ein-Staat-Lösung" wird neuerdings gerade auch von Juden in Israel und den USA angedacht. Sie wird jedoch sowohl von offizieller jüdischer Seite als auch von den Palästinensern abgelehnt, da die radikalen Islamisten, zumal im Gazastreifen, jeglichen Kompromiß und jede Verhandlung ablehnen.

Gewalt ruft Gegengewalt hervor. Selten ist auszumachen, wer als erster in diesen ausweglosen, gefährlichen Circulus vitiosus der Polarisierung eingestiegen ist.

Die Einleitung hat sich unter der Hand immer stärker der politischen Dimension des Lebens der Palästinenser zugewandt. Doch zum Verständnis ihrer Kunst, auch der christlichen, muß dies Problem zur Sprache kommen. Kunst ist niemals nur Ästhetik, auch wenn sie zuerst an deren Maßstäben gemessen werden muß, sondern immer zugleich Anthropologie und Soziologie, d. h. sie sagt immer etwas über den Menschen und seine soziale Einbindung, über seine Religion und seine politische Situation aus. Man kann nicht einzelne christliche Themen aus dem Gesamtumfeld künstlerischen Engagements herauslösen, denn Kunst ist Zeitgenossenschaft. Ihr müssen wir uns insgesamt stellen, auch wenn eine bestimmte thematische Auswahl getroffen werden mußte.

Dazu gehört, einen grundlegenden Aspekt vorab zu benennen: Beide Seiten, Israelis als auch Palästinenser, sehen sich in der Opferrolle. Aus Sorge um beide darf das nicht ausgeblendet werden. Zu Recht sagt Aleida Assmann: „Die zur Staatsdoktrin erhobene Opferidentifikation, verbunden mit einer religiösen Politik der Landnahme, hat diesen ehemals laizistischen Staat auf einen bedrohlichen Konfrontationskurs mit seiner Umgebung geschickt."

Verantwortung für Israel – wir müssen hinzufügen: und für die Palästinenser – „bedeutet eine aus Empathie erwachsene Sorge um den Fortbestand des Landes in seiner Umwelt und die Verhinderung eines ‚zweiten Holocaust', was nicht durch weitere Eskalation, sondern nur durch eine kommunikative Politik der Deeskalation zu erreichen ist. Diese Politik der Deeskalation, die viele Kritiker im Lande längst betreiben, sollte … unterstützt werden. Denn je besser sich Israel in seine Umwelt einfügt, desto sicherer ist seine Zukunft" (DIE ZEIT 30.12.2012).

Im Folgenden geht es nicht um eine kunstgeschichtliche Darstellung palästinensischer christlicher Kunst. Kamal Boullata hat in seiner Gesamtübersicht über palästinensische Kunst die wichtigen kunsthistorischen Zusammenhänge aufgezeigt.[2] Vielmehr geht es darum, die besondere Stimme der palästinensischen Christen bei uns hörbar zu machen. Die Christen in Palästina, die zur ältesten Christenheit des Nahen Ostens gehören, werden zusehends eine verschwindende Minderheit. Das gilt für den gesamten Nahen Osten. Umso wichtiger ist es, daß wir auf die Stimme jener hören, die, von der christlichen Tradition geprägt, durch ihre Kunst ihre Situation deuten. Das ist nicht im exklusiven Sinn zu verstehen. Ich habe auch Werke muslimischer Künstler aufgenommen, wenn sich ihre Kunst biblischen Themen annähert. Die religiösen Differenzen spielen in der palästinensischen Kunst keine entscheidende Rolle, zumal muslimische, christliche und jüdische Künstler oft gemeinsam ausstellen. Kunst will verbinden, nicht trennen.

Die im Folgenden getroffene Auswahl impliziert kein Negativurteil über die Kunst derer, die nicht durch ein Werk vertreten sind. Ich habe versucht, exemplarisch vorzugehen.

Die Auswahl führt ein Künstler aus dem Zentrum Palästinas an, der in Bethlehem und Jerusalem beheimatete Sliman Mansour, der durch eine Publikation auch in Deutschland bekannt geworden ist. Ihm folgt das Werk eines im Exil lebenden Künstlers, Kamal Boullata. Es war sein Bild „Morgenständchen", das mich auf die palästinensische christliche Kunst und ihr künstlerisches Niveau aufmerksam machte. Die in Nordisrael lebenden Palästinenser sind dreifach vertreten. Ihre Werke zeigen, was es heißt, als Palästinenser in Israel zu leben und hier sich der Wirklichkeit zu stellen. Anschließend greifen zwei Themenkomplexe zentrale Aspekte palästinensischer Kunst auf, die Suche nach Identität und das Ernstnehmen der Würde der Frau.

Ich bedaure, daß ich mich nicht der hohen Kunst der Kalligraphie zugewandt habe, obwohl christliche Kalligraphen sie zu hoher Perfektion entwickelt haben und der christlichen Botschaft in der Schönheit arabischer Schrift neu Gestalt geben. Doch das Geheimnis dieser Kunst ist einem, der nicht der arabischen Sprache mächtig ist, nur schwer zu vermitteln.

Die Werke aller Künstler führen direkt oder indirekt hin zu dem Schlußkapitel: Jerusalem. Jerusalem ist emotionaler Mutterboden und geheimes, über sich hinausweisendes Ziel aller ihrer Arbeiten. Hier schlägt das Herz nicht nur der Juden, sondern aller Palästinenser. Ihre Kunst ist ein schmerzvolles Plädoyer für ein offenes Jerusalem.

2 Vgl. dazu Kamal Boullata, Palestinian Art. From 1850 to the Present. London, San Francisko, Beirut 2009.

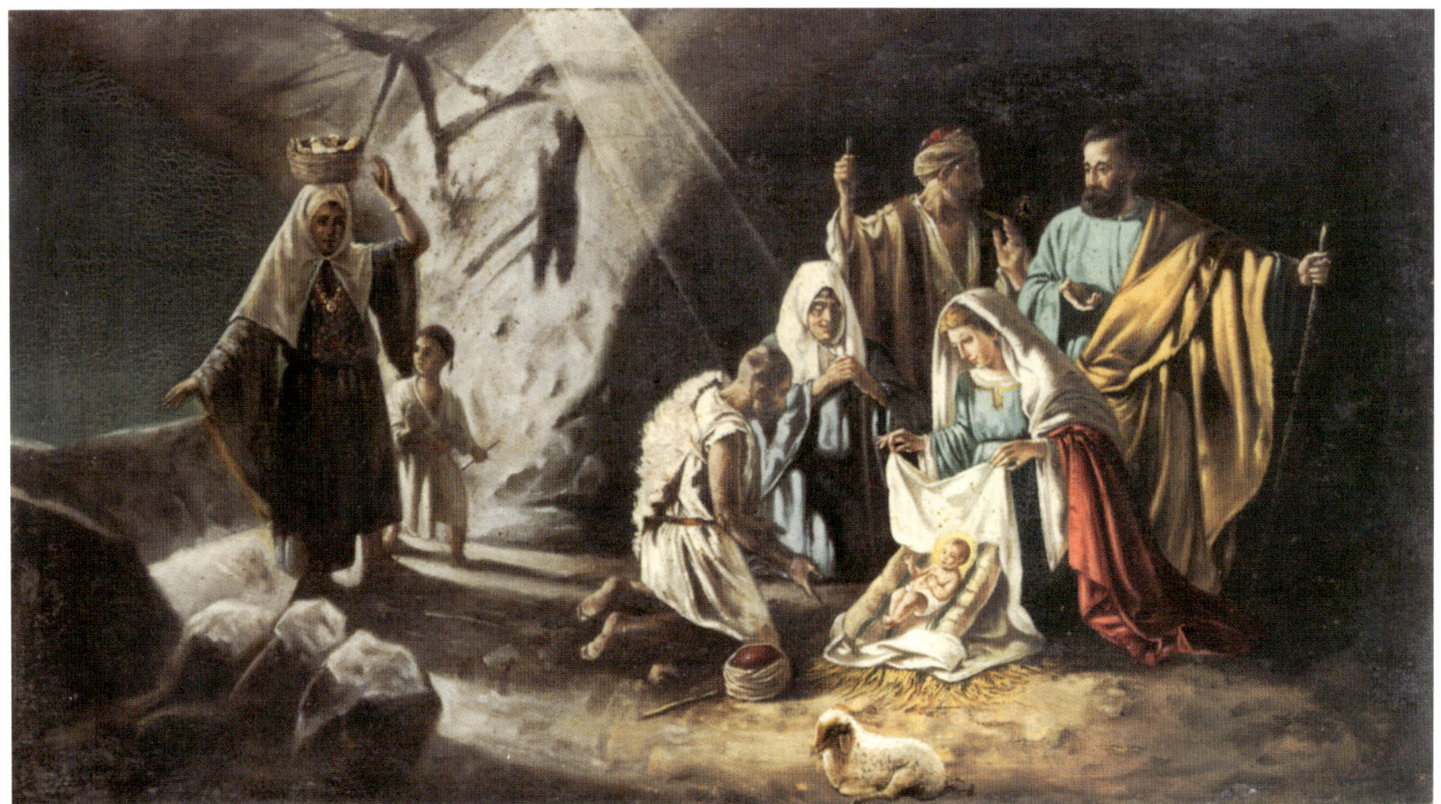

Abb. 1: Nicola Saig, Geburt Christi, Öl auf Leinwand, 35 × 64 cm, 1920.

1 Auf dem Weg zu einer indigenen Kunst

Palästinensische Kunst ist zwar eine Erscheinung der Neuzeit, aber nicht allein der Moderne. Den Übergang von der Anbindung an europäische Vorbilder zu eigenem, indigenen Ausdruck läßt sich gut an einem Bild von **Nicola Saig** (1863–1942) aus dem Jahr 1920 zeigen. (Abb. 1)

Das Bild wird durch unterschiedliche Lichteinstrahlung in zwei Hälften geteilt. Vor einem dunklen Hintergrund, nur durch einen von links einfallenden Strahl erhellt, offenbar das Licht des Sterns, der die Weisen aus dem Morgenland hierher geführt hat, wird die Geschichte von der Geburt Jesu erzählt. Boullata vermutet, daß das nach europäischem Vorbild gemalte Bild ursprünglich im Vordergrund auch die Anbetung der Weisen zum Inhalt hatte. Die Heilige Familie ist europäischer Herkunft, Maria und Joseph sind hellhäutig. Der Heiligenschein um das neugeborene Kind wird durch das blendende Weiß des Tuches verstärkt, das Maria hinter Krippe und Kind hochhält. Daß sich eine Frau unter den traditionell gekleideten Hirten befindet – einer unterhält sich eingehend mit Joseph –, ist ikonographisch zwar nicht ungewöhnlich, verweist aber auf die Überzeugung des Künstlers, für den Männer und Frauen in gleicher Weise und gleichberechtigt zur Anbetung des Kindes in der Krippe eingeladen sind.

Das wird durch die von links in das Bild hereinkommende Frau unterstrichen. Das Licht fällt auf ihren Weg und wirft einen Schatten, der die Anbetungsszene noch ein wenig verdunkelt. Sie trägt einen Korb auf dem Kopf, dessen Inhalt man gleichsam von oben sehen kann. Die Perspektive ist wohl bewußt etwas verschoben, um die Alltäglichkeit, nahezu das Säkulare des Geschehens, zu unterstreichen. Der Junge trägt die Kleidung mit rotem Gürtelband, wie sie zur Zeit der Herrschaft der Ottomanen üblich war.

Hier wird keine künstliche Historisierung vorgenommen, wie sie in amerikanischen Filmen und Andachtsbildern üblich ist, sondern der Transfer in die Gegenwart unternommen. So fremd die Geburtsgeschichte bildnerisch bleibt, sie ist nicht Vergangenheit. Die Menschen treten, wie der palästinensische Dichter M. Darwish es nennt, aus den „Falten der Zeit", aus der Geschichte in die lebendige Gegenwart.

Dieser Schritt ist in dem Bild „Flucht der Heiligen Familie nach Ägypten" vollzogen. (Abb. 2) Hier wird keine „heilige" Geschichte erzählt. Menschen sind unterwegs, wie man sie zu Beginn des 20. Jahrhunderts in Palästina vielfach antreffen konnte. Maria trägt die landesübliche Kleidung und nicht das Blau, wie es ikonographisch auf den abendländischen Bildern vorgegeben ist und wie es auch auf dem vorigen Bild noch zu erkennen ist. Der Esel ist beladen, das Jesuskind wird auf dem Rücken der Mutter getragen. Im Hintergrund die Steinmauern, die das Land zu fruchtbaren Gärten terrassieren. Sie zeigen an, daß die Flüchtlinge das Land noch nicht verlassen, sondern sich erst vor kurzem auf den Weg gemacht haben. Es ist Winter, Regenzeit, es gibt Wasser, die Wüste ist noch nicht erreicht. Alles in allem eine fast familiäre Alltagsszene.

Die biblische Geschichte wird als Alltagserzählung in Palästina geschildert. Man lebt in Palästina und glaubt zu wissen, wie es auch zur Zeit Jesu ausgesehen hat. Über Jahrhunderte hat sich das Land nicht verändert, weder klimatisch noch in der Bevölkerungsdichte noch in der Lebensweise der Menschen. Was damals geschah, ist jedem verständlich, jedenfalls der soziale Sitz im Leben. Das ändert sich erst mit der Einwanderung jüdischer Siedler und der Flucht von 700 000 Palästinensern im Jahre 1948. Die Erfahrung, was Flucht heißt, bekam nun eine ganz andere Dimension. Bis in die Grundlage ihrer Existenz veränderte es die Bildwelt der Künstler. Das Bild zum gleichen Thema von Sliman Mansour zeigt das in beklemmender Weise. (s.u. S. 27)

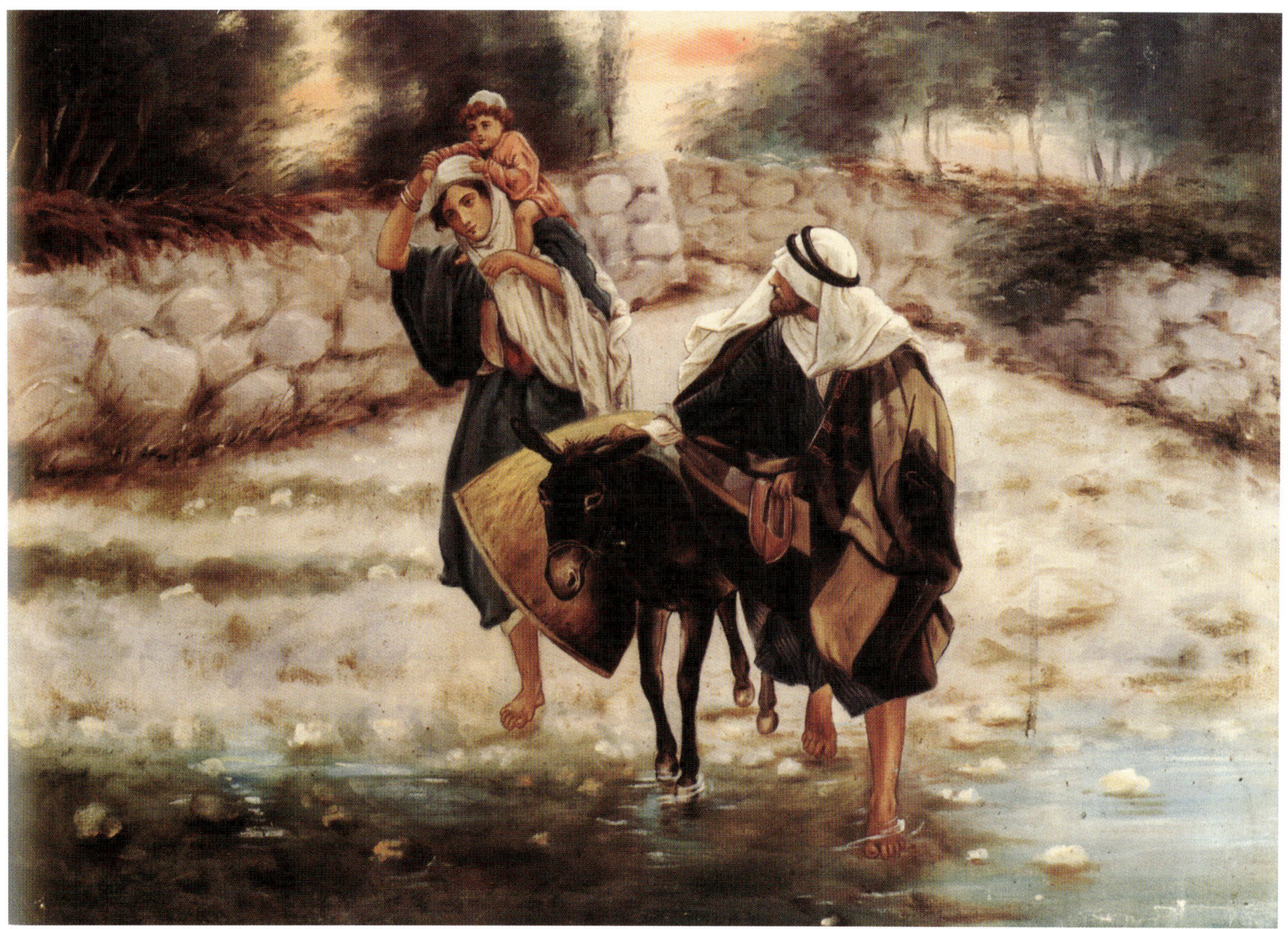

Abb. 2: Nicola Saig, Flucht der Heiligen Familie nach Ägypten, ca. 1920, 95 × 66 cm, Öl auf Leinwand.

2 Ein Künstler aus der Westbank: Sliman Mansour

Sliman Mansour ist wohl der bekannteste und vielseitigste palästinensische Künstler, der am meisten rezipiert wurde und andere Künstler inspirierte.

1947 wurde er in Bir Zeit, einem kleinen Dorf nördlich von Ramallah in der Westbank, geboren. Die fruchtbare ländliche Umgebung mit ihren Oliven- und Feigenbäumen, den terrassierten Hügeln und Gärten hat ihn geprägt. Sein Großvater mütterlicherseits, Poulus Khouri, hatte kurz vor Ausbruch des Krieges 1948 Lydda verlassen, um als orthodoxer Priester die Gemeinde in Bir Zeit zu versorgen. Auf vielen Bildern Mansours ist zu spüren, welchen Eindruck die herbe, strenge Schönheit der Ikonen in den Kirchen des Großvaters auf ihn gemacht hat. Auch seine Großmutter hatte einen nicht unerheblichen Einfluß auf seine spätere Suche nach künstlerischen Ausdrucksformen. Sie war eine begabte Töpferin und formte auch Figuren aus Lehm und Stroh. Mansours späte Arbeiten mit Lehm zeigen, wie das Zusammensein mit der Großmutter in seiner Kunst zum Tragen kommt.

Sein Vater, der in Deutschland seine Ausbildung abbrechen mußte, weil er 1930 von den Nazis vertrieben wurde, starb, als Sliman vier Jahre alt war. Die Mutter zog um nach Jerusalem. Nun konnte Sliman die evangelische Schule in Bethlehem besuchen. Er wohnte im Internat in Beit Jala, nahe bei Bethlehem. Dort wurde früh seine künstlerische Begabung entdeckt. Der eigentliche Förderer war der deutsche Kunstlehrer Felix Theis. Er legt die Grundlagen für das Verständnis europäischer Kunst, besonders der Renaissance, aber auch der Moderne. Seinem Vorbild und Einfluß ist es u. a. zu verdanken, daß Sliman die künstlerische Laufbahn einschlug.

Die Verbundenheit mit der palästinensischen Kultur, die Liebe zum Land und seinem großen Erbe sowie die Ehrfurcht vor den die Kultur prägenden Religionen haben ihn unter dem Einfluß des Großvaters väterlicherseits, einem bekannten Arabischlehrer, tief geprägt. Die Geburtskirche in Bethlehem, die Grabeskirche und der Felsendom sind die markanten religiösen Symbole, die in ihrem Ehrfurcht gebietenden Alter niemanden unberührt lassen, der in Jerusalem zu Hause ist und ein Gespür für architektonische Schönheiten hat.

Sliman studierte an der Akademie für Kunst und Design in Westjerusalem und später an der Bezalel Academy, der seinerzeit besten Kunstakademie Israels. Hier schloß er Freundschaft mit jüdischen und arabischen Mitstudenten, eine Freundschaft, die sich auch durch schwierige Zeiten hindurch gehalten hat.

Mansour versuchte, über den engeren Rahmen seiner Künstlerfreunde hinaus und mit deren Hilfe dem Kunstschaffen der Palästinenser einen festen Rahmen zu geben. Die Künstlervereinigung „Rabita" wurde gegründet, die in verschiedenen Städten des besetzten Gebietes Räume für Ausstellungen anmietete und dafür sorgte, daß die Kunst ihrer Mitglieder auch über Postkarten Verbreitung fand. Sein Bild „Der Lastenträger von Jerusalem" (s. S. 24) wurde auf diese Weise zu einem der verbreitetsten Kultbilder in dieser Zeit. Der israelischen Militärregierung waren solche Aktivitäten suspekt. Restriktionen, Hausdurchsuchungen, Konfiszierung von Werken sollten der Einschüchterung dienen. 15 seiner Gemälde wurden dabei von Soldaten zerstört, wie mir Mansour sagte. Mehrmals wurde er in den Jahren 1981–1982 verhört, eingesperrt und zu ein bis zwei Monaten Gefängnis wegen Volksverhetzung verurteilt. Sein Eintreten für die palästinensische Kultur, das Land und seine Bewohner hat das nicht beeinträchtigt. Im Gegenteil, es forderte ihn heraus, sich besonders für die Bildung und Ausbildung der Jugend einzusetzen. Aber auch israelische Freunde aus der gemeinsamen Studienzeit solidarisierten sich mit ihm und bereiteten mit ihm gemeinsame Kunstausstellungen vor. Themen wie „Nieder mit der Besatzung“ (1985), „Für die Entstehung eines palästinensischen Staates“ (1987) zeigen das politische Engagement der Künstler und ihre die politischen Gegensätze überbrückende Emotionalität und Solidarität.

Auch von anderer Seite wurden viele seiner Werke zerstört: Muslimbrüder zerstörten 1980 die christliche Bibliothek in Gaza, in der sich eine Ausstellung seiner Werke befand. 1982 wurde in Beirut das Palästinensische Museum mit vielen seiner Bilder zerbombt. Gleiches geschah im Irakkrieg, als in Bagdad das palästinensische Museum zerstört wurde.

Es geht nicht darum, alle Stationen seines gesellschaftlichen und politischen Engagements zu verfolgen,[3] wichtig ist allein festzuhalten, daß Mansour sich nicht in seinem vielseitigen Werk hat verbiegen lassen, sondern sich den verschiedenen Herausforderungen stellte und für den künstlerischen Nachwuchs engagiert eintrat. Er war davon überzeugt, daß es die Kunst ist, die das Herz des palästinensischen Volkes öffnet und hilft, seine Identität nicht zu verlieren, sondern in den gegenwärtigen politischen Umbrüchen neu entdeckt und seiner gewiß wird. Umfassend, ganzheitlich muß dabei die Kunst zur Darstellung kommen, in der traditionellen Volkskleidung, im Kunsthandwerk, in der noch lebendigen traditionellen Musik, in der Töpferei und Malerei. Auf allen diesen Gebieten engagierte sich Mansour und suchte seine Zeitgenossen dafür zu begeistern.

Im Folgenden geht es darum, dem nachzuspüren, wie seine christliche Fundierung sich in seiner Kunst manifestiert und Trägerin wichtiger Botschaften wird.

Palästinensische Kunst muß unter höchst unterschiedlichen Bedingungen, in unterschiedlichen Ländern, inmitten verschiedener Sprachwelten ums Überleben kämpfen. Weil sie kein eigenes kulturelles Zentrum hatte und hat, ist keine gemeinsame Richtung oder Grundstruktur zu erkennen, die es erlaubte, von „palästinensischer Kunst“ in aufweisbarer Identität zu sprechen. Verschiedene Strömungen sind zu entdecken, konträre Ausprägungen und individuelle Charakteristiken, je nachdem, wo die Künstler leben, ob im Exil in Frankreich, Deutschland oder Italien, ob sie in Israel, in der Westbank, im Gazastreifen oder in arabischen Ländern ein Zuhause haben. Eins aber scheint sie dennoch wie ein unterirdischer Strom zu verbinden, die Erinnerung. Erinnerung aber heilt nicht, wie immer wieder gesagt wird, sondern hält die Wunden offen. Sie leistet Widerstand gegen Heilung, ist trotzig und unberechenbar. Erst wo Versöhnung stattgefunden hat, kann Erinnerung zur Heimat werden. Weder die Israelis noch die Palästinenser haben sich mit ihrer geschichtlichen Vergangenheit und denen versöhnt, die ihren Schmerz verursacht haben, sondern halten beides in der Erinnerung wach.

An zwei Plätzen macht sich die Erinnerung der Palästinenser fest, das Dorf, aus dem sie 1948 vertrieben wurden, und Jerusalem. Beit Dajan, Immwas (Emmaus) sind z. B. Dörfer, die von den Bulldozern der israelischen Pioniere niedergewalzt wurden. Einige dienten der Neubesiedlung durch jüdische Siedler, andere wurden wüst zurückgelassen oder mit Bäumen bepflanzt. Ihre Namen sind auf den israelischen Karten nicht mehr zu finden. Beit Dajan heißt heute Bait Dagan. Es sind die Künstler, die durch ihre Werke das Gedächtnis an jene Dörfer festhalten und dagegen Widerstand leisten, daß die palästinensische Geschichte ausradiert und vergessen wird.

3 Dazu verweise ich auf die dreisprachig erschienene informative Publikation von Faten Nasta Mitwasi: Sliman Mansour, Ein Künstler aus Palästina, Petersberg 2008, von der ich dankbar Gebrauch gemacht habe.

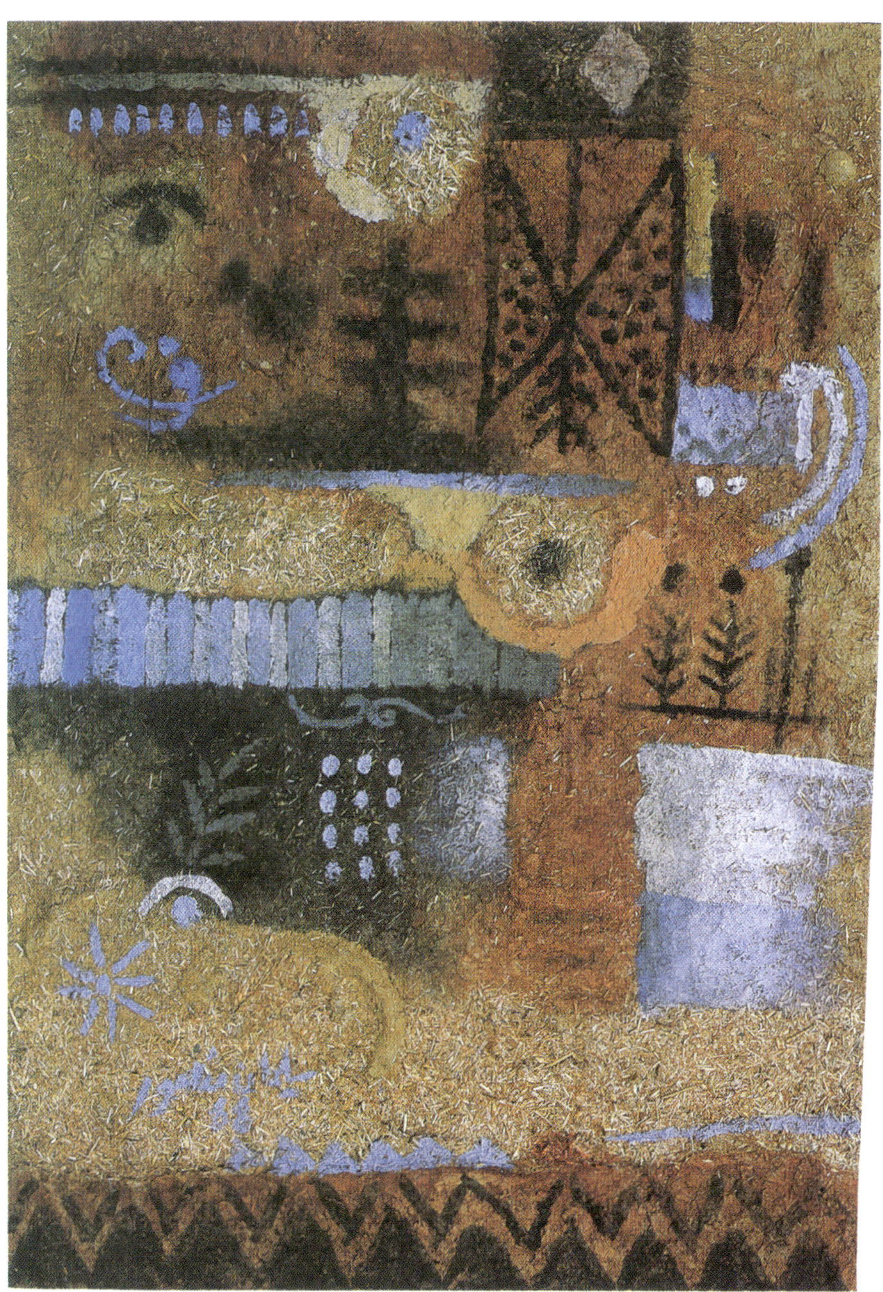

Abb. 3: Sliman Mansour, Beit Dajan, 39,5 × 27,5 cm, 1988, verschiedene Materialien.

Beit Dajan, 1988 (Abb. 3)
Mansour hält die Erinnerungen geradezu haptisch fest: Aus Farbe, Lehm, Kokusraspel und anderem Material ist das Bild entstanden. Solche wie zufällig zusammengesetzte Komposition macht allein schon durch das Material darauf aufmerksam, wie zerbrochen und fragmentarisch heute palästinensische Existenz ist, die durch Enteignung, Vertreibung und Zerstreuung in alle Welt geprägt ist. Das Bild „Beit Dajan" drückt aber nicht nur Verzweiflung aus, eher Wehmut in Gedanken an prächtige, lebensvolle Tage: bunte Farben auf den Feldern und vor den Häusern, blauer Himmel, blaues, frisches Quellwasser, Bäume, aber auch das vor Schrecken weit geöffnete Auge eines Menschen, vor allem jedoch die Vermessung des Dorfes, vielfältig aufgeteilt wie ein lebendiger Farbteppich. Häuser sind nicht zu sehen, sie sind ja zerstört. Hier und da sind noch Reste eines Grundrisses zu erkennen. So bedrückend die Erinnerungen sind, der zeitliche Abstand läßt die Vergangenheit ein wenig in schönerem Licht erscheinen, läßt aber vor allem Hoffnung aufkeimen, daß es wieder eine Zeit geben wird, da hier Menschen wohnen und friedlich das Land bestellen können.

Bir Zeit, 2006 (Abb. 4)
Während das Bild von Beit Dajan noch Charme und Zuversicht ausstrahlt, spiegelt das ausschließlich aus zerbröckelndem Lehm gestaltete Bild seines Heimatdorfes nichts als Trostlosigkeit. Wie aus einer fernen Erinnerung kommt ein Mann (wohl Mansour selbst) links ins Bild und geht rechts wieder unbewegt, schemenhaft. Er verläßt desillusioniert die Gegenwart, denn die Erinnerung spendet keinen Trost, weckt nicht Zuversicht. Lebenswertes Leben kann er nicht entdecken. Andere haben die Grenzen ihres neuen Besitzes hart in das Land geritzt. Eine Plantage wurde angelegt, die nützlich ist und der Ökonomie dient, aber Menschen sind offenbar überflüssig geworden. Sie erscheinen nicht auf dem Bild, nicht einmal als Plantagenarbeiter. Es ist ein Bild absoluter Desillusionierung. Diese „schöne neue Welt" wird niemals mehr die Welt der Palästinenser mit ihrem kinderreichen, pulsierenden Dorfleben sein. Die Zeit seiner Jugend, der Ort fröhlicher Jugendspiele, die Vertrautheit der Heimat: Bir Zeit ist endgültig Vergangenheit.

Sliman Mansour hat sich, soweit ich sehen kann, nicht oft direkt auf biblische Texte und Szenen bezogen. Doch wo das geschieht, verdienen die Bilder unsere besondere Aufmerksamkeit. Historisierende Illustrationen biblischer Szenen, wie sie nicht nur durch die amerikanischen Missionen weltweite Verbreitung gefunden haben, finden sich bei ihm nicht. Auch die auf höherem Niveau arbeitenden Nazarener mit ihrer subtilen Malweise werden nicht seine Vorbilder.

Das Abendmahl, 1994 (Abb. 5)
Bildet das große Bild vom letzten Abendmahl davon eine Ausnahme? Auf den ersten Blick mag das so scheinen. Wie das Abendmahl von Leonardo da Vinci für einen Speisesaal bestimmt war, so auch dieses Bild. Es hängt im Eßsaal des Diyar Zentrums neben der Evangelisch-lutherischen Kirche in Bethlehem. Mansour geht ebenso vor wie die mittelalterlichen Maler, die die biblischen Geschichten in ihre eigene Stadt versetzten und damit zum Ausdruck bringen: Was dort zur Zeit Jesu geschah, ist unsere Geschichte. Wir sind die Hirten auf dem Felde, wir sind die Folterknechte, die Jesus foltern.

Mansour muß nicht künstlich den kulturellen und historischen Sprung machen. Der historische garstige Graben besteht hier nicht. Die Geburtskirche steht nebenan. Das Hirtenfeld liegt vor den Toren der Stadt. Hier ist das alles geschehen, wovon die Evangelien berichten. Die Aktualität muß nicht künstlich hergestellt werden, die heilige Geschichte ist präsent. Man muß sie nur darstellen.

Wie zur Zeit Jesu sitzt man auch heute in Palästina zur kühlen Abendzeit gern auf dem offenen Söller. Man greift mit den Fingern

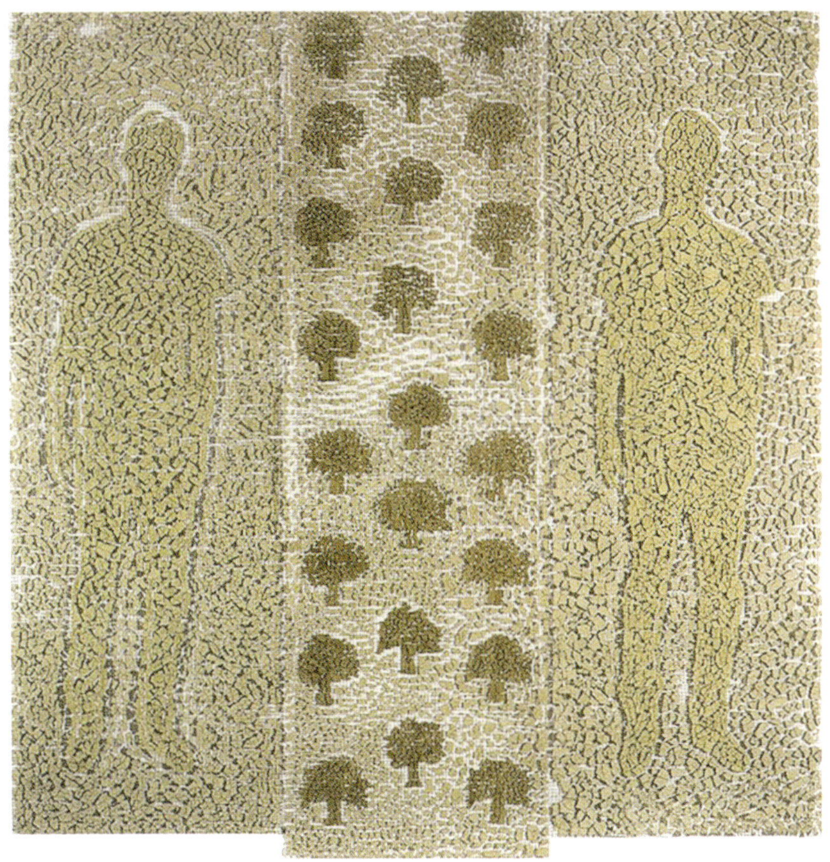

Abb. 4: Sliman Mansour, Bir Zeit, 300 × 300 cm, Lehmstücke auf Drahtgitter, 2006.

in das für alle zubereitete Mahl und legt in seine Schüssel, so viel man essen will. Jeder hat ein rundes Mazzenbrot vor sich, so wie es überall in Palästina gebacken wird. Jesus bricht aus seinem Brot ein Stück heraus. Man sitzt nicht auf Stühlen, sondern mit untergeschlagenen Beinen auf einem Teppich. Jeder hat einen eigenen Becher. Jesus ist durch einen rot gestreiften Vorhang hinter ihm herausgehoben, auch durch die weiße Kleidung. Die Jünger tragen die landesübliche Kleidung und die auch heute gebräuchliche Kopfbedeckung. Einige tragen die Kipa. Dadurch wird auf den jüdischen Hintergrund hingewiesen. Johannes wird als Junge gemalt, der noch keine Kopfbedeckung trägt. Daß er an Jesu Brust lag, wagt Mansour, wie auch viele mittelalterliche und moderne

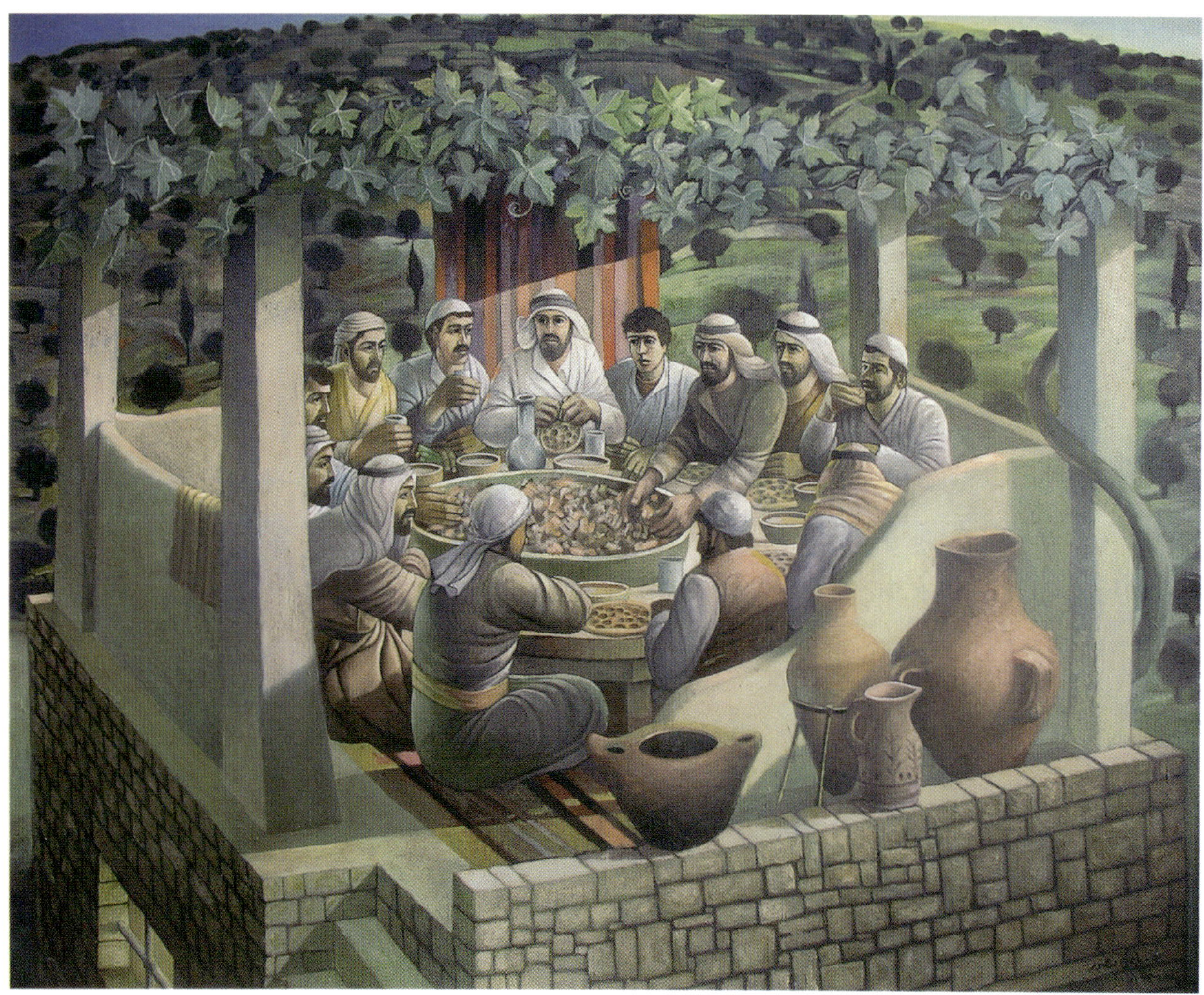

Abb. 5: Sliman Mansour, Das Abendmahl, 140 × 110 cm, Öl auf Leinwand, 1994.

Künstler, nicht zu malen. Es genügt die besondere Stellung unmittelbar an der Seite Jesu, die ihn heraushebt. Judas im Vordergrund unterscheidet sich nicht von den anderen Jüngern. Die schwarzen Haare, auf abendländischen Bildern oftmals Kennzeichen seiner dunklen Gesinnung, sind hier unspektakulär. Alle haben schwarze Haare. Nein, der Verräter ist nicht von den anderen zu unterscheiden. Sind Verräter jemals vorher zu erkennen? Eine künstliche Modernisierung vermeidet Mansour, indem er die Jünger nicht moderne Kleidung tragen läßt, wie sie heute weltweit getragen wird.

Mansour hat in verschiedenen Perioden seines Schaffens den Wert der traditionellen palästinensischen Kleidung betont und ihre Wertschätzung gefördert als Teil der Bewußtmachung des kulturellen Erbes. Er zeigt, daß es sich hier um ein besonderes Mahl handelt, zu dem die Eingeladenen in zwar alltäglicher, aber doch feierlicher Kleidung erscheinen. Es handelt sich nur scheinbar um eine geschlossene Gesellschaft. Das Mahl findet nicht hinter hohen Mauern statt. Die Treppe führt ins Offene. Der Kreis wird sich für alle öffnen und erweitern „bis nach der Zeit den Platz bereit'/an deinem Tisch wir finden“ (Ev. Gesangbuch 222,3).

Es ist Frühling. Der Blick gleitet über grüne Wiesen und Hügel. Der Wein hat schon ausgeschlagen und spendet tagsüber Schatten. Abgesehen von der Kleidung spricht wenig auf diesem Bild von dem besonderen Anlaß, zu dem Jesus seine Freunde eingeladen hat. Allein ihr etwas verlorener, starrer Blick läßt etwas von dem Bevorstehenden ahnen. Insgesamt vermittelt das Bild den Eindruck einer normalen, ein wenig festlichen Mahlzeit unter Freunden. Wie da Vinci den Mönchen im Refektorium vor Augen führt, zeigt auch Mansour, daß Jesus bei jeder Mahlzeit Gast ist, wie es in dem einfachen Tischgebet, das Mansour in einer von Deutschen geleiteten Internatsschule gewiß kennengelernt hat, erbeten wird: „Komm, Herr Jesu, sei du unser Gast …“ Zugleich trägt jede Mahlzeit, die in Jesu Präsenz eingenommen wird, den Hinweis auf das Passahmahl, das Jesus mit seinen Jüngern feierte. Das gibt der täglichen, gemeinschaftlich eingenommenen Mahlzeit eine Würde, die sie in unserer Überflußgesellschaft und ihrem Hang zum „Fast Food“ selten noch besitzt. Wenn der Tisch vor diesem Bild gedeckt ist oder man an ihm vorbeigeht zum größeren Eßsaal des Hauses, trägt es dazu bei, sich nicht nur auf das Wesentliche einer Mahlgemeinschaft zu besinnen, sondern auch ihren Verweisungscharakter auf das letzte Mahl Jesu mit seinen Jüngern und das Mahl im kommenden Reich Gottes wahrzunehmen.

Das Diyar Zentrum nimmt diesen Impuls des Bildes auf, wenn es zu einem Festessen auf dem offenen Söller des Hauses einlädt und auf der Einladung ein Detail des Bildes mit Jesus in der Mitte abdruckt ist.

Nun würde man annehmen, daß das Bild in der palästinensischen Gemeinde mit Freude aufgenommen wurde als ein Beispiel der erneuten Einheimischwerdung biblischer Geschehnisse. Doch dem war nicht so. Das Bild erregte durchaus Anstoß, wie mir Mitri Raheb sagte: „Jesus sieht ja nun wie ein Muslim aus“, war einer der Kommentare. Weitreichender und irritierender war die Reaktion von 30 palästinensischen katholischen Priestern, die hier zu einer Konferenz gekommen waren: „Nein, Jesus war blond und hatte blaue Augen!“ – Das Bildmaterial der Nazarener im Rom des 19. Jh. hat offenbar durch die katholischen Missionare selbst in Palästina stilbildend gewirkt und das Bild, das die Menschen von Jesus haben, geprägt.

Der Lastenträger von Jerusalem, 1973 (Abb. 6)

Dieses Bild hat seinerzeit den Künstler weit über die Grenzen Palästinas bekannt gemacht. Es wurde als Postkarte verschickt und als Kunstdruck in den Häusern der Palästinenser an die Wand geheftet.

Im Jahre 1953 hatte Ismael Shammout ein Ölbild gemalt mit dem Titel „Whereto?“. Es zeigt einen ins Exil ziehenden, ausgemergelten Mann mit zwei Kindern an der Hand und einem Kind

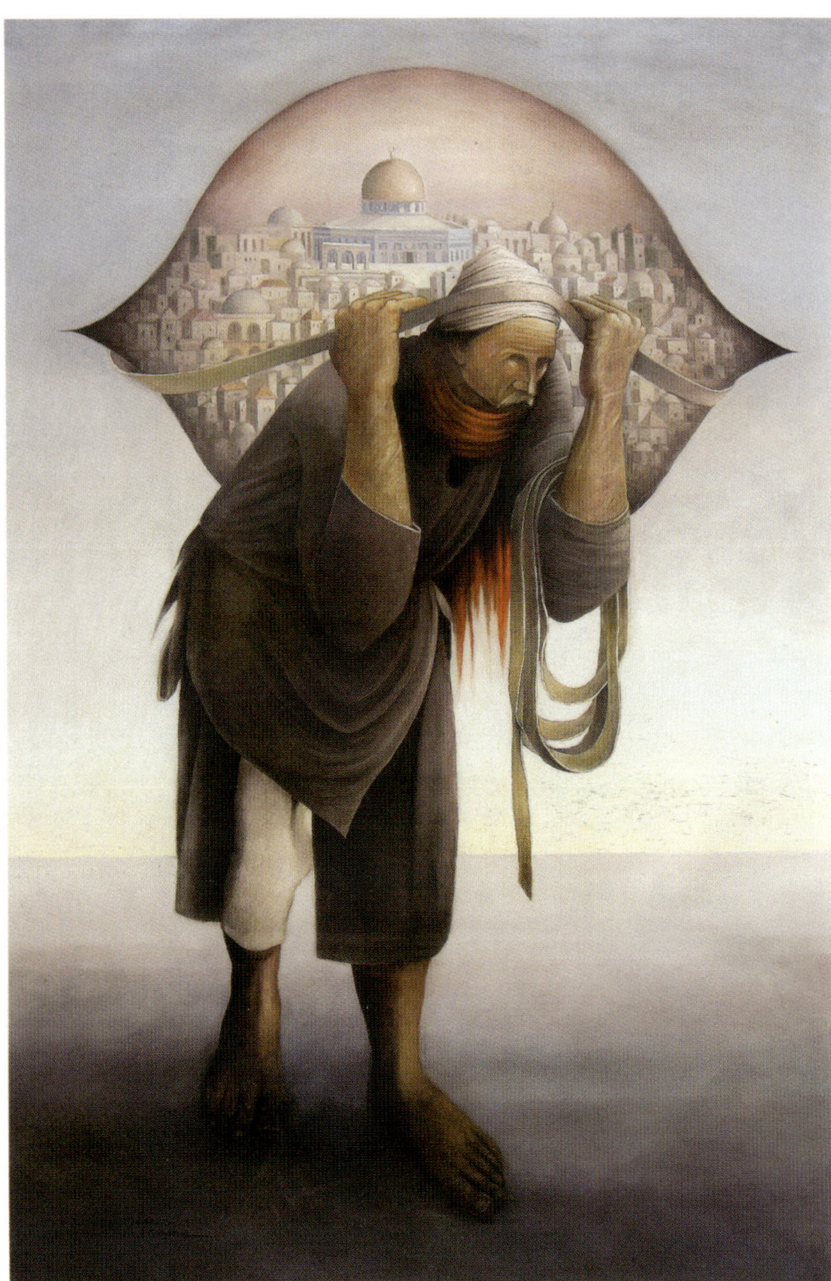

*Abb. 6: Sliman Mansour,
Der Lastenträger von Jerusalem,
70 × 105 cm, Öl auf Leinwand, 1973.*

auf dem Rücken, der in seiner Verzweiflung nicht weiß, wohin ihn der Weg führen wird. Das Bild hielt seinerzeit die Situation der flüchtenden Palästinenser gültig fest und fand weiteste Verbreitung. 20 Jahre später greift Mansour das gleiche Thema auf, doch nun aus der Perspektive derer, die heimatlos sind, selbst wenn sie irgendwo in einem Lager oder einer Stadt wie Beirut bleibend untergekommen sind. Das Exil ist nicht Heimat geworden, sondern namenlose Leere prägt das Leben, das erdrückt wird von der Last der Erinnerung. Verzweiflung und Erschöpfung spiegeln sich in dem fahlen Gelb. Der ferne, leere Streifen des Horizonts unterstreicht die unendliche Hoffnungslosigkeit. Monumental wie der Atlas, der die Welt auf seinen Schultern trägt, tritt der Lastenträger uns entgegen. Der Maler stellt ihn nicht als einen heruntergekommenen, verachteten Sklaven dar, sondern läßt ihm Gerechtigkeit widerfahren und verleiht ihm durch die sorgfältige Darstellung der Kleidung eine Würde, die den flüchtigen Augenblick überdauert. Er wird zum Symbol der Existenz im Exil schlechthin.

Die Last wird in der Form eines Auges, eigentlich eines Augapfels gemalt, ein Symbol semitischer Sprache für das Kostbarste am Menschen. Wenn es in der Bibel heißt, daß Gott das Volk oder einen Menschen „wie seinen Augapfel" behütet (5. Mose 32,10; Ps 17,8), dann ist damit die intensivste Weise der Begleitung und Behütung ausgedrückt. So tragen die im Exil lebenden Palästinenser das Bild Jerusalems mit sich, Jahr für Jahr, Tag für Tag, Stunde um Stunde. Ein Ende ist nicht abzusehen. Die Wüste, die leere Zeit und der leere Raum haben keine Grenze.

Jerusalem ist aus der Perspektive Ostjerusalems gezeichnet. Der Felsendom beherrscht mit seiner goldenen Kuppel das Bild. Da er seinerzeit nach dem Vorbild der Grabeskirche gebaut wurde, jedoch etwas größer, darf er in dieser Form stets mitgedacht werden. Im Hintergrund ist die Kuppel der Grabeskirche schattenhaft zu erkennen, zudem eine Vielfalt von anderen Kirchen, Kuppeln von Moscheen, von Straßenbrücken und Plätzen. Es geht nicht um eine religiöse Schönheitskonkurrenz, nicht darum, welche Religion zentral ist und den absoluten Wahrheitsanspruch vertritt, sondern allein um das, was jeder Palästinenser vor Augen hat, wenn er an Jerusalem denkt, ob er in Jerusalem aufgewachsen ist oder nicht.

Der Lastenträger ist so ins Bild gerückt, daß das Auge seiner Last stringent die Botschaft vermittelt: Hier ist das Zentrum Palästinas und Israels, hier ist das Zentrum der Welt. Nein, dieses wundervolle Panorama und die friedlich, eng aneinandergeschmiegten Wohnhäuser neben archäologisch wertvollen, an das Alter der Stadt und ihre Geschichte erinnernden Ruinen kann man nicht vergessen. Auch wenn ich schon die längste Zeit meines Lebens außerhalb von Jerusalem gelebt habe, schreibt einmal K. Boullata, so war bei meinem ganzen Schaffen Jerusalem vor mir, Jerusalem „seen through the mind's eye".

Das Panorama dieser Stadt steht jedem im Exil lebenden Palästinenser vor Augen. Er trägt die Erinnerung wie Christopherus als eine Last, die mit der Zeit nicht leichter, sondern schwerer wird, weil die Hoffnung schwindet, in dieses Paradies je zurückkommen zu können. Oder ist es umgekehrt, daß es gerade diese wie ein Augapfel gehütete Erinnerung ist, die die Hoffnung wachhält, daß Jerusalem eines Tages wieder für alle zugänglich und ein Hort des Friedens sein wird?

Flucht nach Ägypten, 1984 (Abb. 7)

Mansour ist in der Nähe Bethlehems zur Schule gegangen. Der Ort der Geburt Jesu, das Feld, da die Engel den Hirten erschienen, all die Geschichten um die Geburt Jesu sind den Bewohnern von Bethlehem zwar Geschichten aus der Vergangenheit, aber zugleich räumlich so nahe, daß darüber die Zeitdifferenz aufgehoben wird. Hier muß es nicht heißen „Bethlehem ist überall". Nein, es ist hier. Welch eine Begeisterung überfällt viele, wenn sie zum ersten Mal Palästina betreten, sei es Nazareth oder Bethlehem! „Wir sind in Nazareth! Stell dir das vor, Nazareth, eben der Ort, da Gottes Wort

Mensch wurde. Inkarnation, hier fand sie statt … Hier begann das neue Reich Gottes. Hier ist der Beginn der neuen Menschheit. Hier begann die neue Kirche. Hier begann es, daß alles neu wurde. Wir sind in Nazareth!“ So bricht es aus Bischof Giacinto-Boulos Marcuzzo aus auf einer Konferenz in Nazareth.[4] So sehr sich Palästinenser über solchen Ausbruch freuen mögen, für sie ist das Leben in Nazareth oder Bethlehem Alltag, beschwerlicher, gefährdeter Alltag. Hier muß der Glaube an das gekommene Königreich jeden Tag gegen allen Augenschein neu geglaubt werden. Hier muß man täglich die Hoffnung gegen alle Hoffnung („spes contra spem“) entfachen (vgl. Röm 4,1). Eine Aktualisierung der biblischen Botschaft wird hier anders aussehen als in Europa oder Amerika. Eine historisierende Nacherzählung oder bildnerische Darstellung würde nicht die Gegenwart tangieren, sondern im Gegenteil den Inhalt der Texte zur Vergangenheit machen.

Das gilt auch für die Geschichte der Flucht nach Ägypten (Mt 2,13–15). Eine Darstellung im Stile der Nazarener oder der kleinteiligen Kindergottesdienstkunst amerikanischer Prägung kann nicht in Frage kommen (vgl. dazu oben S. 15). Jedoch darf das geschichtliche Ereignis nicht in reine existentielle Gegenwart aufgelöst werden. Es muß Orientierungspunkt bleiben. Wie löst Mansour das Problem, Geschichte und Gegenwart in einem Bild zur Einheit zu verschmelzen?

„Die Wüste wächst, weh dem, der Wüsten birgt“, lautet eine Gedichtüberschrift Friedrich Nietzsches. Mit beiden Gefahren sind die Palästinenser täglich konfrontiert. Die Wüsten wachsen überall in der Welt, auch in Palästina, wo die Bevölkerung, von ihrem Land abgeschnitten, keinen angemessenen Zugang zu Wasser hat. Deshalb wächst auch die Wüste in der Menschen Herzen, und Zorn, Wut und Haß machen sich breit. Dem muß man widerstehen. Mansours Bild ruft dazu auf.

[4] In: The Forgotten Faithful. A Window into the Life and Witness of Christians in the Holy Land, Jerusalem 2007, 129.

Gelber Sand, dunkelgelber Himmel und gelbliche Haut der Menschen. Selbst das Sonnenlicht verlischt zu gelbblassem, kraftlosem Schein. Kann trostlose Verlassenheit und Öde stärker als durch diese Farben ausgedrückt werden? Die Hügel der wasserlosen Wüste Juda scheinen sich ins Unendliche zu verlängern. Verloren steht in der Ferne der Esel irgendwo, Joseph verschwindet fast ganz hinter einem Hügel – beide sind gleichsam die Erinnerung an die geschichtliche Überlieferung. Die Moderne dagegen bestimmt den Vordergrund: eine Straße, mit Planken zum Schutz der Autos, nicht in den Abgrund zu stürzen. Kein Baum, sondern nur ein Strommast unterbricht den weiten, von Hügeln bestimmten Horizont und unterstreicht, daß man hier vergebens nach Wasser suchen wird. Kommt die Elektrizität aus dem fernen, 650 Meilen entfernten Ägypten? Für wen ist sie bestimmt?

Sliman Mansour hat auf vielen Gemälden sich dem Thema der palästinensischen Frau und Mutter zugewandt. Fast jedes Jahr hat er zum Muttertag ein Bild gemalt. Auch unser Bild ist eine Hommage an die palästinensischen Mütter. Sie sind es, die die Familie versorgen, wenn die Männer im Gefängnis sitzen, zur Arbeit nach Israel gehen, sofern sie die Erlaubnis dazu haben. Sie sind es, die das größte Leid tragen, wenn die Söhne freiwillig oder unter Zwang zu Selbstmordattentätern werden. Sie sind es, die zurückbleiben, wenn die Männer oder die erwachsenen Kinder ins Ausland gehen, als Flüchtlinge oder Studierende. Maria trägt das klassische blaue Kleid wie auf mittelalterlichen Bildern, wenn auch arg verblaßt. Alle Frauen der oberen Gesellschaft Ostroms trugen einen Schleier oder eine Kopfbedeckung. So auch Maria auf den Mosaiken der Hagia Sophia in Istanbul. Das wurde von den Muslimen übernommen und zur Vorschrift für fromme Frauen gemacht. Maria trägt eine im Wind flatternde Kopfbedeckung. Das stellt sie in eine Reihe mit palästinensischen Frauen. Sie, die zum Schutz ihres Kindes nach Ägypten flüchten mußte, wird zum Archetyp aller palästinensischen Mütter. Der Maler hat sie so in den Vordergrund gestellt, daß der Betrachter des Bildes ihr nicht

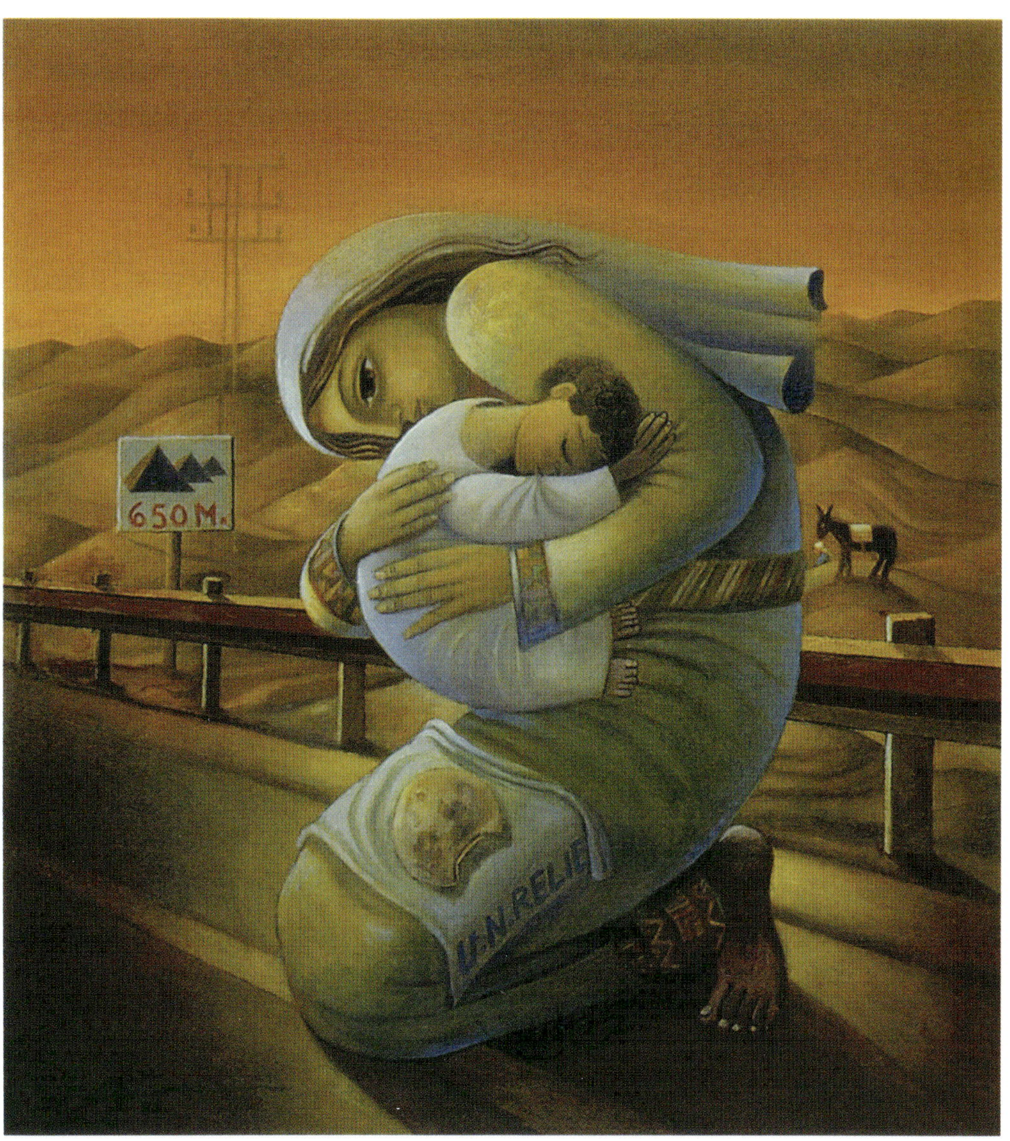

Abb. 7: Sliman Mansour, Flucht nach Ägypten, 90 × 90 cm, Öl auf Leinwand, 1984.

ausweichen kann. Sie kniet vor uns auf der offenen Straße, die wir mit dem Auto vorbeifahren wollen. Wir können es nicht, wir müssen haltmachen und fragen, ob sie Hilfe braucht. Wir müssen sie wahrnehmen. Sie wahrzunehmen, darum geht es. Maria kniet hier nicht als Bettlerin. Sie ist gut gekleidet. Sie verbirgt nicht, daß sie Palästinenserin ist. Wir erkennen die klassische Bordüre am Fuß, am Arm und am Gürtel. Sie bittet nicht um Geld und nicht um Brot. Das hat sie vom UNO-Hilfswerk bekommen. Sie will gesehen werden. Immer werden die Palästinenser übersehen. Der Fokus unseres Interesses, vor allem von uns Deutschen, richtet sich auf ein anderes Volk. Jetzt aber sollen wir das Schicksal der palästinensischen Mutter zur Kenntnis nehmen. Wir sollen sehen, daß ihr aus Ägypten keine Zukunft entgegenweht, sondern nur heftiger Wüstenwind. Kein helles Licht leuchtet ihr. Aber sie gibt nicht auf. Sie hält ihr Kind so fest und sicher in den Armen, daß es sanft und ruhig schläft. Sie selbst aber darf nicht schlafen. Einer muß wachen, scheint sie zu sagen, laßt mich es sein, ich halte die Wacht. Auch wenn ihr Blick noch so verloren erscheint, ihre ganze Haltung drückt nichts anderes aus als Schutz für das Kind. Die Erinnerung an eine Kohlezeichnung, die nach dem 2. Weltkrieg in allen Gemeinden gezeigt wurde und heute in der Kaiser-Wilhelm-Gedächtnis-Kirche in Berlin hängt, kommt in den Sinn, die Schutzmantel-Madonna von Stalingrad. Wie dort das Kind wie von einem Kreis umschlossen und geschützt wird, so ist auch hier der Kreis das eigentliche stilistische Mittel, den unendlich sicheren Schutz des Kindes durch die Mutter zum Ausdruck zu bringen.

So bedrückend und trostlos dieses „Weihnachtsbild“ auf den ersten Blick erscheint, es geht eine Stärke und Zuversicht von ihm aus, die der Kraft der biblischen Botschaft entspricht. Mansour hat die bis in die Gegenwart reichende Relevanz des Textes von der Flucht nach Ägypten verstanden und uns sichtbar vor Augen geführt.

Symbol der Hoffnung, 1985 (Abb. 8)
Im Jahre 1984 wurde dieses Bild für den Weltgebetstag der Frauen entworfen, den die Frauen Palästinas vorzubereiten hatten. Das Bild erinnert an die Erzählung von der Sintflut (Gen 9) und der Rettung Noahs, der aus der Arche dreimal eine Taube ausfliegen ließ, um zu sehen, ob die sintflutlichen Gewässer zurückgegangen sind. Die zweite Taube brachte einen Ölzweig im Schnabel zum Zeichen, daß die Fluten zurückgegangen waren und neues Leben auf der verwüsteten Erde keimte. Durch die biblische Erzählung ist die Taube zu einem Symbol des Friedens schlechthin geworden. Weltweit wurde es rezipiert und inspirierte Künstler von der frühchristlichen Zeit bis in die Moderne, unabhängig davon, welcher Kultur und Religion sie sich zugehörig fühlten.

Mansour orientiert sich an der ursprünglichen Erzählung. Dort ist die Taube ein Zeichen der Hoffnung, denn die Flut ist noch nicht gänzlich zurückgegangen. Noch herrscht kein Friede. Erst als Noah mit seiner Familie und allen Tieren die Arche verlassen und einen Altar errichtet hatte, wird der Bund mit Gott geschlossen, der der ganzen Kreatur gilt. Der Regenbogen wird zum Zeichen des Friedenswillens Gottes.

In Jerusalem herrscht kein Frieden, auch wenn sie „Stadt des Friedens“ genannt und bis in moderne Lieder als solche gepriesen wird, vor allem von Menschen, die aus ihr vertrieben wurden und sie verlassen haben.

Die gezackte Sonne (oft zwölfzackig, wie der doppelte Stern Salomos) ist ursprünglich ein muslimisches Identifikationssymbol, das Muslime gelegentlich in religiös gemischten Stadtvierteln an ihre Häuser anbringen zum Zeichen, daß hier eine muslimische Familie wohnt, während Christen gern St. Georg oder das Jerusalemer Kreuz wählen. Auf dem Bild ist die Sonne ein christliches Symbol und verweist auf die Liebe Gottes, denn die Strahlen, die sie aussendet, sind Herzen (eins trägt das Kreuzsymbol), die zeigen, daß Gott die Menschen nicht vergessen hat. Sie schauen auf zu dieser Sonne oder strecken ihre Hände aus zum Gebet. Ihr

Abb. 8: Sliman Mansour, Symbol der Hoffnung, Öl auf Leinwand, 1985.

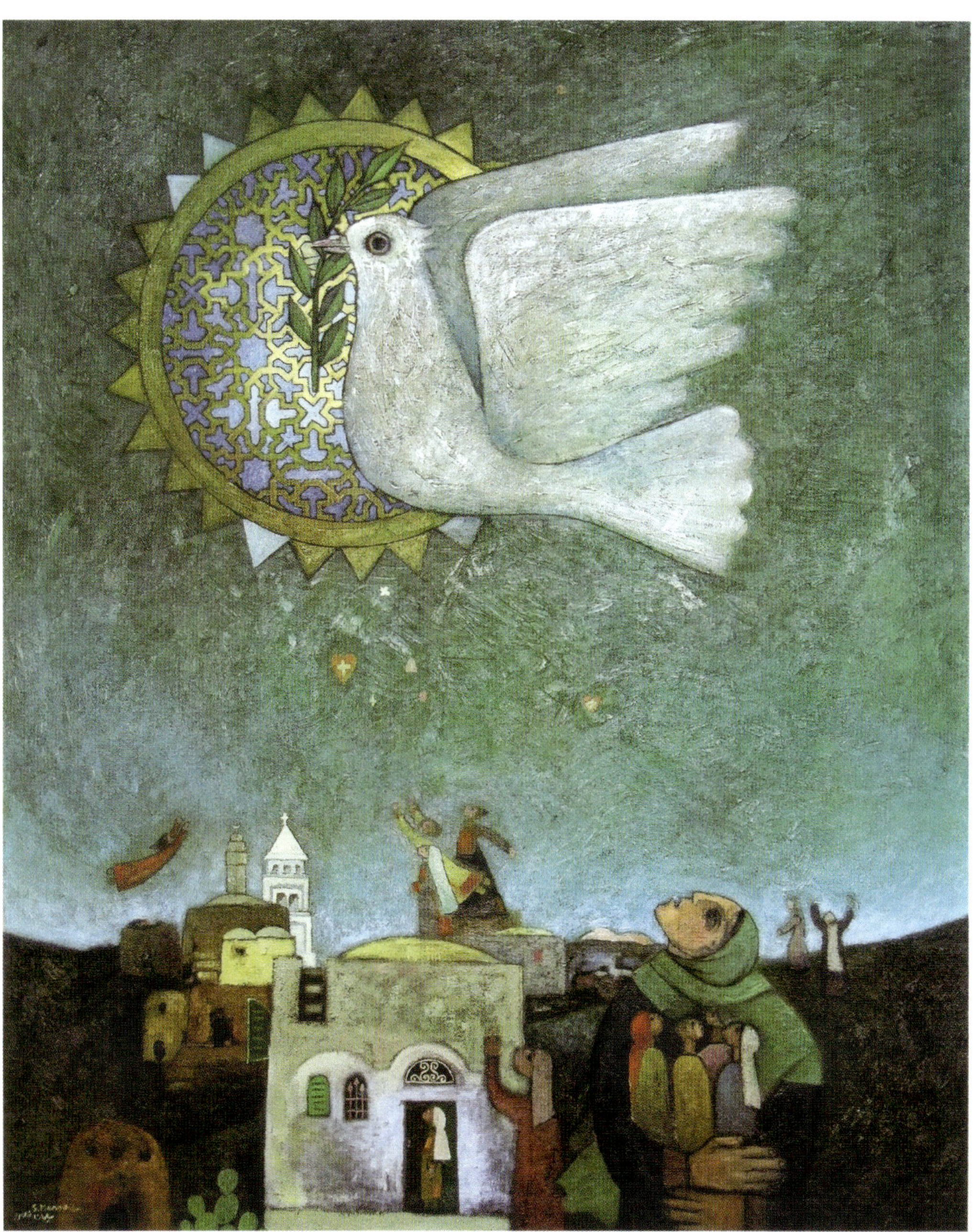

Gebet ist ein dringender Ruf, daß Frieden auf Erden werde und die Menschen Schutz und göttlichen Segen bekommen, der so dringend nötig ist. Die Sonne ist reich verziert wie eine kostbare Brosche und verweist auf Christus. Er ist die „Sonne der Gerechtigkeit" (Mal 3,20). Daß sie aufgehen möge in unserer Zeit, wie es in einem alten Lied der böhmisch-mährischen Brüder heißt, darum beten die Frauen weltweit.

Ein ins Blau übergehendes Grün und Gold sind die Kernfarben des Bildes. Blau und Gold sind die Farben, die die Golgatha-Kapelle der Grabeskirche wie auch die Decke des Felsendoms schmücken. Sie sind die Farben des Himmels, die Farben, die auf die Nähe des Paradieses weisen. Auch in der jüdischen Tradition sind sie zentral. Historisch, so hat A. Feldtkeller gezeigt[5], läßt sich nicht ausmachen, wo sie zuerst ihren Ursprung haben, doch ist wichtig festzuhalten, daß schon durch die Farbgebung alle drei Religionen mit im Bild sind. Für ein friedliches Zusammenleben sollen die Menschen beten, lautet die Botschaft des Bildes. Nur dann erfüllt sich, was die Farben aussagen, das gemeinsame Leben im Frieden Gottes. Das Grün des Olivenbaumzweiges im Schnabel der Taube und das Grün des noch dunklen Himmels geben die Gewißheit, daß es einen guten Grund für die Hoffnung gibt, denn „das Volk, das in Finsternis saß, hat ein großes Licht gesehen; und die da saßen am Ort und Schatten des Todes, denen ist ein Licht aufgegangen" (Mt 4,16). Das Weiß der Taube am Himmel korrespondiert mit dem Weiß des Kirchturms auf der Erde. Die Botschaft der Engel auf dem Hirtenfeld in Bethlehem ruft sich in Erinnerung: Daß Frieden werde auf Erden!

Die Häusergruppe im Vordergrund läßt keine feste Lokalisierung zu. Es könnte Bethlehem gemeint sein mit dem Turm der Lutherischen Kirche und dem Minarett einer Moschee daneben, Kreuz und Halbmond nebeneinander. Aber es kann auch der Turm der Erlöserkirche in Jerusalem die Vorlage für den Kirchturm bilden. Das Haus im Vordergrund wird von Muslimen bewohnt. Das Blau an muslimischen Häusern hat apotropäische Bedeutung. Es wehrt böse Geister ab, aber auch Mücken und Fliegen, sagen die Händler auf dem Markt, die ihre Stände blau anstreichen. Die Schutzhand der Fatima trägt diese Farbe. Alle Frauen, mit und ohne Kopftuch, schauen auf nach dem Wunder, das sich am Himmel zeigt. Sie wollen sehen und erfahren, was es heißt, daß der neue Tag des kommenden Friedensreiches anbricht. Für sie alle soll und darf die Zukunft nicht düster sein, denn „das Gebet der Gerechten vermag viel, wenn es ernstlich ist" (Jak 5,16). Sliman Mansour hat ein sprechendes Plakat für den Weltgebetstag der Frauen entworfen.

Mutter Erde, 1999 (Abb. 9)

Im Jahre 1996 verboten die Israelis die Einfuhr palästinensischer Waren und Früchte aus der Westbank. Aus Protest beschlossen die palästinensischen Künstler, keine Malutensilien mehr aus Israel zu kaufen. Mag das auch kaum mehr als ein symbolischer Protest gewesen sein, er führte dazu, daß sich die Künstler auf die eigenen Traditionen besannen und künstlerisch ausschöpften. Doch welche indigenen Ausdrucksformen gab es, die neu zu entdecken waren? Möglicherweise waren es Erinnerungen an seine Großmutter, eine begabte und bekannte Töpferin, daß Mansour sich dem Lehm als Material seines Schaffens zuwandte. Doch diese künstlerische Neuentdeckung einheimischen „Materials" ist mehr als ein Notbehelf. Erde hat in allen traditionalen Gesellschaften eine tiefe emotionale Bedeutung. Das Land ist heilig. Auf eigenem Grund und Boden ist man sicher. Eigenes Land bedeutet Stabilität, es ist ein Schutzraum. Landvermessungen sind in den ältesten vorderasiatischen Kulturen von großer kulturformender Bedeutung. Grenzverschiebungen, um den eigenen Landbesitz auf Kosten von anderen unrechtmäßig zu vergrö-

[5] Andreas Feldtkeller, Die ‚Mutter der Kirchen' im ‚Haus des Islam'. Gegenseitige Wahrnehmungen von arabischen Christen und Muslimen im West- und Ostjordanland. Erlangen 1998, 78 ff.

ßern, führten damals wie heute zu langen, schmerzlichen Rechtsstreitigkeiten unter Nachbarn und hatte scharfe Sanktionen zur Folge.

Die Erde ist die Mutter, von deren Früchten man lebt. In den Schoß der Erde wird man zur letzten Ruhe gebracht. Eine Seitennische wird im Grab bei manchen Kulturen Afrikas bis heute gegraben, Nabel genannt. Im Schoß der „Mutter" kommt man zur letzten Ruhe.

Die Palästinenser erleben, wie ihr Land schrittweise durch neue Ansiedlungen der Israelis verkleinert wird. Grenzzäune hindern sie, ihr Land zu bestellen. Hilflos müssen sie oft zusehen, wie ihr Land verwildert, weil sie keinen Zugang bekommen, es zu bearbeiten. Das Land vertrocknet, wenn es nicht bearbeitet und gewässert wird. Wenn es ein Jahr unbearbeitet brach liegt – nach traditioneller Bewirtschaftung eine notwendige Ruhepause zur Regeneration des Landes –, kann es nach israelischem Recht als Land ohne Besitzer enteignet werden.

Für den Künstler hat das Arbeiten mit Lehm noch eine besondere Bedeutung. Wie in der modernen Kunst verschiedene, grobe und feine, harte und weiche, verworfene und wertvolle Materialien, vom Künstler mit eigener Hand ausgewählt, zum Bildganzen zusammengefügt werden, so ist der handwerkliche Umgang mit dem Lehm etwas anderes als der Gebrauch von Ölfarben oder Kreidestiften. Das Haptische gewinnt an Bedeutung. Kunstschaffen wird in besonderer Weise zum ganzheitlichen Geschehen, ähnlich dem Arbeiten des Bildhauers, der den Marmor in den Marmorsteinbrüchen sorgfältig auswählt und zunächst mit Hammer und Meißel, dann aber sanft und mit weichem Werkzeug aus dem Marmor das formt, was er zuvor in ihm gesehen hat.

Auch Mansour geht zu den verschiedenen, ihm wichtigen Orten seines Landes und wählt den Lehm aus, der ihn mit diesen Orten verbindet und ihn zum Nachdenken und Nachfühlen zwingt. Sobald der Lehm auf eine mit Jute bezogene Holzunterlage gelegt wird, gibt es keine Distanz mehr zwischen Künstler und Material,

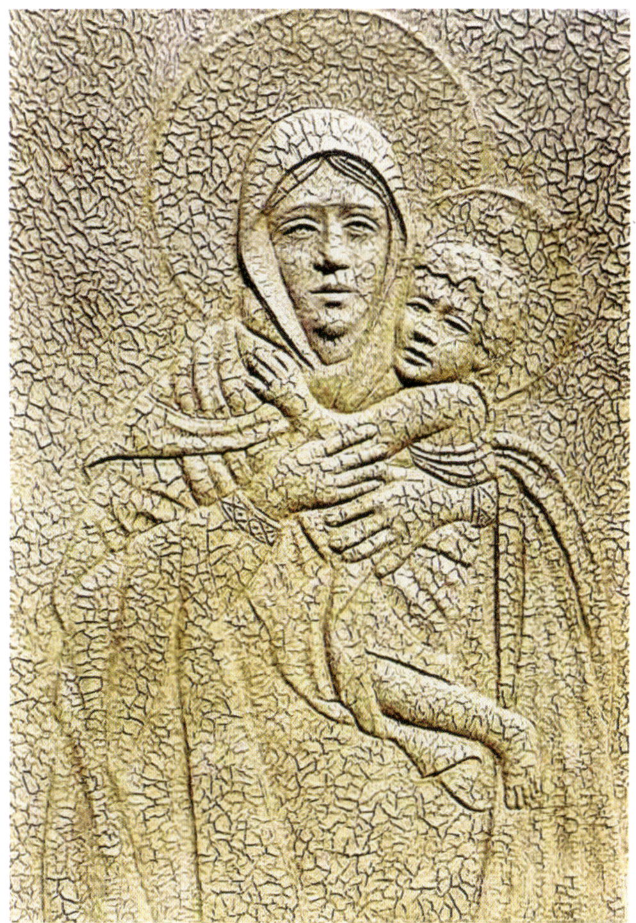

Abb. 9: Sliman Mansour, Mutter Erde, 110 × 100 cm, Lehm auf Sperrholz, Jute und Holz, 1999.

zwischen den handwerklich arbeitenden Händen und dem Geist. Mensch und Gegenstand verschmelzen.

Aber jetzt, in der gegenwärtigen politischen Situation, ist das Land wie ausgetrocknet. Keine Hoffnung keimt aus der dürren

Erde, kein Grün wagt sich hervor. Der Mensch ist wie die Erde, sie spiegelt seine inneren Gefühle. Er erkennt sich in der Erde wieder und weiß, daß er eins ist mit ihr. „Von Erde bist du genommen, zu Erde mußt du wieder werden." Alte liturgische Sätze klingen an. Es wird sichtbar, was sie sagen.

Ein Madonnenbild hat Mansour aus Lehm gestaltet. Als solches ist es nicht besonders originell. Er hält sich strikt an das Vorbild der Ikonen, wie er sie aus den orthodoxen Kirchen kennt, aber auch aus der Geburtskirche in Bethlehem. Maria, in Frontalansicht gestaltet, hält das Jesuskind auf dem Arm. Es schaut den Betrachter an. Maria trägt ein Kopftuch. Die Bordüre ihres Ärmels erweist sie als eine Frau aus Palästina.

Die Ikone dient als Vorbild, aber dies hier ist keine Ikone. Kein die himmlische Wirklichkeit spiegelndes Gold leuchtet auf. Statt Farben nur brauner Lehm. Das Gold der Ikonen preist die Heiligkeit des Dargestellten. Doch hier wird keine Doxologie laut. Vertrockneter Sand läßt die Stimme verstummen. Der Gegensatz zur ästhetischen Schönheit einer Marienikone kann nicht größer sein.

Mansour steigert die Spannung noch durch den Titel, den er dem Lehmbild gibt: „Mutter Erde". Die Verfremdung ist vollständig! Der Titel scheint gesucht, er widerspricht radikal dem Gegenstand Maria und Kind. Vor der Ikone wird man still. Sie weist über sich hinaus auf die göttliche Wirklichkeit. Sie lädt ein zur Anbetung. Doch dieses Werk aus vertrocknetem, zerbröckelndem Lehm schreit Vergänglichkeit. Es weckt Ärger, ruft Zorn hervor. Die Schrunden auf der Haut von Mutter und Kind wecken nicht einmal Mitleid, sondern lassen den Betrachter erstarren. Widersprüchlicher können Bild und Bildthema nicht sein. Noch hat Maria die sanften Gesichtszüge der Madonna, wie wir sie von Bildern gewohnt sind. Noch hat der Jesusknabe im Halbrelief den vertrauten Kopf des „holden Knaben im lockigen Haar". Will Mansour sagen, daß dies alles, die Vertrautheit mit der Glaubensgeschichte, langsam in Bethlehem zerbröselt, austrocknet, vom scharfen Wüstenwind der Geschichte verweht werden wird? Das wäre aufgrund aller seiner bitteren Erfahrungen der letzten Jahre und dem Auszug so vieler Christen aus Bethlehem verständlich. Aber gerade das sagt er nicht. „Mutter Erde" unterschreibt er das Werk. Warum das?

Vielleicht haben wir etwas übersehen. Bethlehem ist die Geburtsstätte Jesu. Das gibt ihr in der ganzen Christenheit eine Bedeutung, die sie über alle anderen Städte der Welt heraushebt, abgesehen von Jerusalem. Hier, in der Geburt des Kindes, kommen Himmel und Erde zusammen. Das Wort ward Fleisch, es verband sich mit einem Menschen, einer Frau, von der es wie von allen Menschen heißt: „Von Erde bist du genommen …" Die Erde wird durch die Inkarnation geheiligt.

Der Esoterik mochte Mansour offenbar nicht folgen und der neuen Zuwendung zur Erde dadurch Ausdruck geben, daß er eine Göttin, Demeter oder Gaia, darstellt. Ein Rückgriff auf mythische Vorstellungen ist nicht nötig. Hier in Bethlehem prägen die historischen Erinnerungen das Leben. Sie wollen lebendig erhalten werden. Sie sind relevant gerade auch für das Verhältnis zum Land und zur Erde, die so bedroht ist. Während die evangelische Theologie sich schwertat, ein neues Verhältnis zur Schöpfung, zur Natur zu finden, haben die orthodoxe Theologie und Kirche immer zentral festgehalten, daß die Inkarnation des Logos ein kosmisches Ereignis ist, das nicht nur die Menschen, sondern die ganze Welt, die Natur, die Erde meint und den Menschen nur inmitten seiner Mitwelt. Die ganze Schöpfung soll erlöst werden. Die Geburt Jesu in Bethlehem drückt der Welt den Stempel der Erlösung auf. Mansour erinnert an diese Theologie, indem er für sein Werk eine Ikone zum Vorbild nimmt und nicht eine moderne Abstraktion erstellt.

Mag das sandige Relief mit seinen Falten, Schrunden und Rissen Verzweiflung, Vergänglichkeit, ja Hoffnungslosigkeit ausdrükken – das soll es sicherlich auch –, aber auf den zweiten Blick spürt man den Mut, die Verzweiflung zu überwinden. Letztendlich wird hier ein Gebet modelliert: „Laß die Kraft der Geburt Christi in Bethlehem endlich der ganzen Welt, der bedrohten Erde, dem schrumpfenden Land Palästinas und seinen Menschen zugute kommen". In Bethlehem weiß man vielleicht noch mehr als in den europäischen Ländern, daß wir Menschen von den Früchten der Erde leben und darauf angewiesen sind, daß es regnet und das Grün sprießt. Diesen erdnahen weihnachtlichen Segen, den die Hirten auf dem Felde vor Bethlehems Toren als erste empfingen, den braucht man mehr als alles andere. Das Bild nimmt ein Lied auf, erst verhalten, ein wenig brüchig noch, aber dann deutlich hörbar:

„O Erd, schlag aus, schlag aus, o Erd,
daß Berg und Tal grün alles wird.
O Erd, herfür dies Blümlein bring,
o Heiland aus der Erden spring."
(Friedrich Spee, EKG 7; 3)

Ich, Ismael, 1996 (Abb. 10, 11)
Selbstporträts haben in der abendländischen Kunst eine lange Tradition. Künstler wie Rembrandt haben sich immer wieder in den verschiedensten Altersstufen gemalt und dabei die Frage zu beantworten versucht: „Wer bin ich?" Nicht wenige haben sich mit dem identifiziert, den sie malten und in dessen Geschichte sie sich vertieften. Dürer stilisierte sich als der Idealmensch der Renaissance und nutzte dazu das Christusbild. Picasso malte in seinen Skizzen zu den Stierkämpfen auf ganzer Seite Christus mit der Dornenkrone und – ohne daß er es wahrscheinlich merkte – malte sich selbst. Im Stierkämpfer, der den Angriff des Stiers auf das Pferd mit der Kapa abwehrt, erkennt er Christus, der die leidende Kreatur schützt – und sieht sich selbst in diesem Kampf.

Andere haben sich angesichts der Gräuel der Kriege entstellt dargestellt und dabei das Stilmittel der Abstraktion gebraucht. Auch Sliman Mansour hat sich verschiedentlich gemalt, sei es inmitten von Demonstranten oder als jemand, der durch nichts von Jerusalem zu trennen ist. Das neue, von ihm entdeckte und benutzte Medium der Tonmodellierung, mit dem er einen eigenständigen Beitrag zur Entwicklung palästinensischer Kunst geleistet hat, hilft ihm zu einer Selbstdarstellung von erschreckender Intensität. Er identifiziert sich so sehr mit der Erde Palästinas, daß er sich nur noch als jemand darstellt, der wie auf einer Bahre liegend dem Tod geweiht ist. „Von Erde bist du genommen, zu Erde sollst du wieder werden. Erde zu Erde ...". Hier gewinnt das Wort visualisierte dichte Gegenwart. Aber es ist weniger ein Grab, das durch Grenzsteine markiert wird, es ist sein Lebensraum, der klein geworden ist. Das Land schrumpft, in dem er lebt. Hier ist nichts zu sehen von der offenen Weite, die so charakteristisch ist für Palästina. Der Erfahrungsraum engt ihn ein. Es wird eng für den Menschen, der dem Tode verfallen ist.

Mansour verfremdet das Gesicht nicht durch Entstellungen, Verzerrungen oder Versetzungen, wie sie Picasso in die moderne Malerei eingeführt hat. Der Kopf, das Gesicht bleiben unversehrt. Der Künstler ist erkennbar. Doch wie das Land schrumpft auch die Haut. Falten, Risse zeigen sich. Wunden sind nicht mehr zu verbergen. Nichts von Aufbegehren, keine Wut ist erkennbar, nur stille, fast resignierte Ergebenheit.

Als ob man einem Menschen begegnet, der sich zum Sterben niedergelegt hat. Diesen Eindruck macht das Relief. Es bewegt. Es ruft tiefe Emotionen hervor. Man ist erschrocken, dem Schicksal eines Menschen zu begegnen, das so tief in sein Angesicht eingraviert ist. Man kann ihm nicht ausweichen. Doch dann zwingt der Künstler den Betrachter, einen Schritt zurückzutreten und das Werk und was es sagen will aus anderer Perspektive wahrzunehmen, indem er zu dem Titel der Selbstdarstellung „Ich" noch einen Namen hinzufügt: „Ismael". Nun wird eine neue Dimension erschlossen. Eine biblische Gestalt tritt in das Bild, Abrahams erstgeborener Sohn, der Sohn der aus Ägypten stammenden Sklavin Hagar, der Nebenfrau Abrahams. Welches Bild von Ismael hat Mansour vor Augen? Ist es der Name, den Gott selbst der Hagar für ihren Sohn gegeben hat: „Ismael – Gott hört"? Ist diese

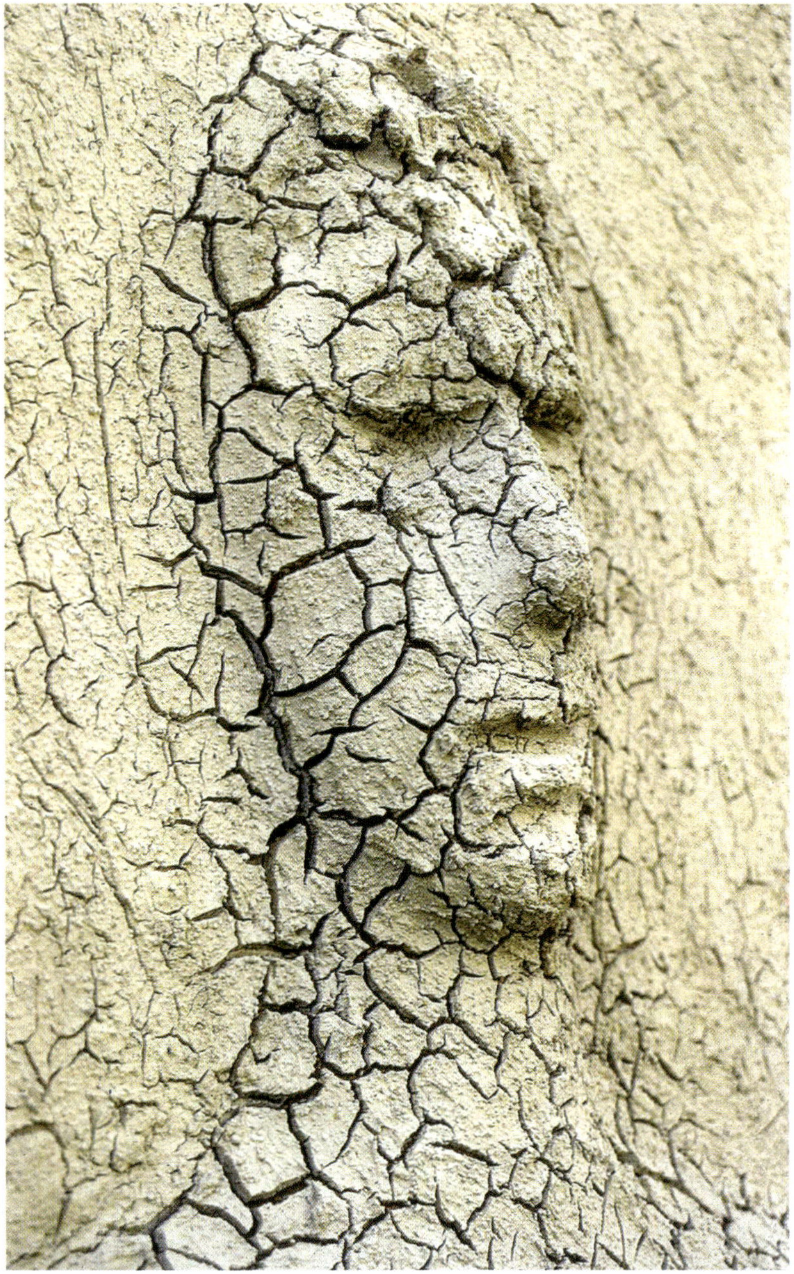

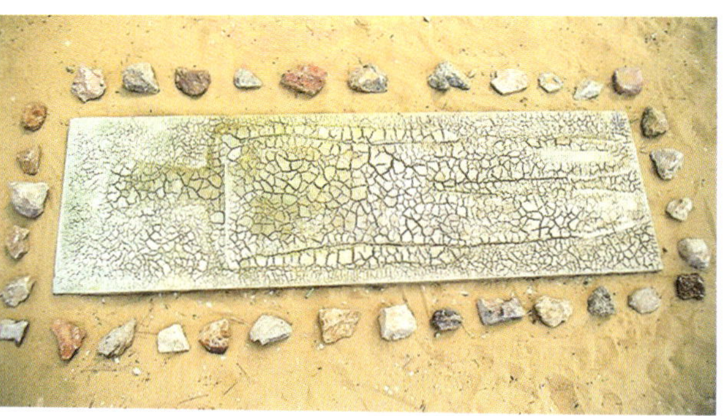

Abb. 10 (links) und 11 (oben): Sliman Mansour, Ich, Ismael, 130 × 240 cm, Lehm auf Holz, 1996.

erweiterte Benennung seines Werkes ein Aufschrei: „Gott höre uns"?

Im AT wird wenig von Ismael berichtet. Östlich von Kanaan wohnte er, zwölf Stämme, weiß die Bibel zu berichten, führen auf ihn zurück. Für die Bibel ist das ein Hinweis darauf, daß Ismael an dem Segen Abrahams teilhatte, wenn auch nicht in der Fülle, die Isaak empfing. Esau heiratete später zwei der Töchter Ismaels, um seinem Vater Jakob zu gefallen (Gen 16,7 ff.; 25,12 ff.; 28,6 ff.). Hat Mansour dieses Bild vor Augen?

Oder denkt er an die koranische Version? Abraham sendet Hagar und Ismael nach Mekka. Dort zeigt ihr der Engel die Quelle Zem Zem. Später besucht Abraham Hagar. Nahe bei Mekka, so heißt es, sollte Abraham seinen erstgeborenen Sohn, „den er liebhat", wie es in der Bibel heißt, Ismael, opfern. Ismael widersteht der Versuchung des Satans, sich nicht als Opfer hinzugeben, und wirft Steine nach ihm – ein Ritus, der jedes Jahr von Millionen Pilgern der großen Wallfahrt wiederholt wird. Später baut Abraham mit Ismael die ursprünglich weiße, nun aber von den Sünden der Menschen schwarz gewordene, zerstörte Kaaba wieder auf, die einst Adam errichtet hatte.

Aus einem verstoßenen Sklavenkind ist in der muslimischen Tradition der große Segensträger geworden, unauflöslich mit den heiligen Stätten Mekkas verbunden.

In beiden Traditionen, der biblischen wie der koranischen, ist Ismael der Stammvater der Völker der arabischen Halbinsel und Palästinas. In der biblischen Version sind die Nachkommen Ismaels von minderem Status vor Gott, in der muslimischen dagegen die eigentlichen Träger des Segens Abrahams.

Wenn Mansour sich in solch intensiver Weise mit Ismael identifiziert, greift er die bei allen Arabern lebendige Tradition auf, die mit diesem Namen verbunden ist: Man versteht sich als Nachfahre Ismaels. Mir scheint jedoch, daß er als Christ der biblischen Tradition nähersteht und vor allem die mit dem Namen verbundene Anrufung Gottes meint. „Gott hört" – das ist Ismael. „Du Gott siehst mich", diesen Namen hatte Hagar Gott gegeben, „denn ich habe hier gesehen den, der mich angesehen" und gerettet hat (1. Mose 16,13).

Mansour hat auch ein Lehmrelief von Hagar gemacht: ein Gesicht von sanfter Schönheit, weniger vertrocknet, mit weniger Falten und Schrunden, aber offenen, wachen Augen, belebt von dem, der sie angesehen hat, Gott.

Es ist dieses zweite Relief aus dem Jahre 1996, das uns das Recht gibt, zum Verständnis dieses Selbstbildnisses Mansours den biblischen Text zur Interpretation heranzuziehen. Wir sehen das Gesicht eines Menschen, der verbittert ist. Seine Augen sind nach innen gerichtet, sein Mund leicht geöffnet, wie jemand, dem das Atmen schwerfällt und der nur noch murmelnd, leise zu Gott sprechen kann: „Ich bin Ismael, Gott, höre mich! Meine Mutter ist Hagar, die du angesehen hast. Sieh uns heute an. Wir sind Kinder Abrahams und werden von unseren Halbgeschwistern wie Menschen zweiter Klasse behandelt und mit Füßen getreten. Gibt der Segen Jakobs ihnen das Recht, uns zu verachten? Höre uns. Sieh uns an!" Das Gesicht Ismaels sagt leise und schmerzlich eindringlich: „Ich warte auf eine Antwort!"

Der Prophet, 1994 (Abb. 12)

Diese Skulptur ist für mich eines der am schwersten zugänglichen Werke Mansours. Aber gerade darum sollte man sich der Herausforderung stellen, es zu verstehen. Wir beginnen mit der Form. Mit Lehm bedeckte Jute wurde auf Holz gespannt. Anders als bei den bisher besprochenen Reliefs ist der Lehm aber so dünn aufgetragen, daß er nicht reißt und bröckelt. Der Eindruck von Vergänglichkeit und Gefährdung wird dadurch vermieden. Puderfarben beleben den Lehm und „illustrieren" die Figur. Drei Rechtecke sind wie zu einem Triptychon zusammengefügt. Das mittlere Rechteck hat die größte Bedeutung. Die Nebenrechtecke können nicht wie bei kirchlichen Triptychen abgenommen oder umgeklappt werden. Sie sind fester Bestandteil des Ganzen. Über der

Figur schwebt ein leicht gebogener Balken, dessen Enden zugespitzt sind, so daß der Eindruck von Hörnern entsteht.

Der Künstler nennt die Figur „Prophet". Wie wir bei der Interpretation des vorigen Werkes gesehen haben, hat die Benennung eines Werkes bei Mansour großes Gewicht. Er will unsere Gedanken in eine bestimmte Richtung lenken. Aber wir sehen keine Gestalt, sondern nur einen Kopf. Bei keinem Werk Mansours ist so deutlich der Einfluß abstrakter Kunst zu erkennen wie bei diesem. Picasso hat weltweit prägend gewirkt und gezeigt, welche neue Interpretation eines Gesichtes durch Verschiebung, Neuverteilung oder Verzerrung von charakteristischen Teilen des Kopfes oder Gesichtes möglich wird. So auch hier.

Mansour will kein wie auch immer geformtes Gesicht des Mose gestalten, sondern will das Profil des prophetischen Amtes und Auftrages sichtbar machen.

Dazu gehört dreierlei. 1. Jeder Prophet muß sich am Urbild des Prophetentums, dem des Mose schlechthin, orientieren und sich ihm verpflichtet fühlen.

Wenn ich es richtig sehe, deutet der Künstler das dadurch an, daß zwei Hörner den Kopf des Propheten schmücken, so wie wir es von der weltbekannten Mosesfigur Michelangelos im Petersdom in Rom kennen.

In allen drei Religionen, die zentral mit Palästina historisch verbunden sind, spielt das Prophetenamt des Mose eine große Rolle. Im Judentum ist er Bild und Vorbild des wahren Propheten. Er ist der Führer in das Gelobte Land. Ihm hat Gott die Gebote offenbart. „Mose und die Propheten" ist bis in die Zeit des NT ein feststehender Begriff (Lk 16,29). Über ihn hinaus gibt es kein Prophetentum. Unüberbietbar hat er dieses Amt ausgefüllt (5 Mose 34,10). Erst das Neue Testament hat diesen Schritt der Überbietung unter Berufung auf eine Verheißung des Mose getan (5. Mose 18,15) und in Jesus die Erfüllung dieser Verheißung erkannt. Jesus ist der größere „Gesetzgeber", dessen „Gesetz" über das des Mose hinausführt, wie die Bergpredigt sagt. Auch der Koran berichtet ausführlich von Mose, ordnet ihn aber Abraham unter, der der erste und wichtigste Prophet des Islams ist. Mit ihm, nicht mit Mose, hat sich Mohammed identifiziert. Im Jordangraben zeigen Muslime – im Widerspruch zur biblischen Tradition – das Grab des Mose und führen Pilgerfahrten durch zu diesem Ort.

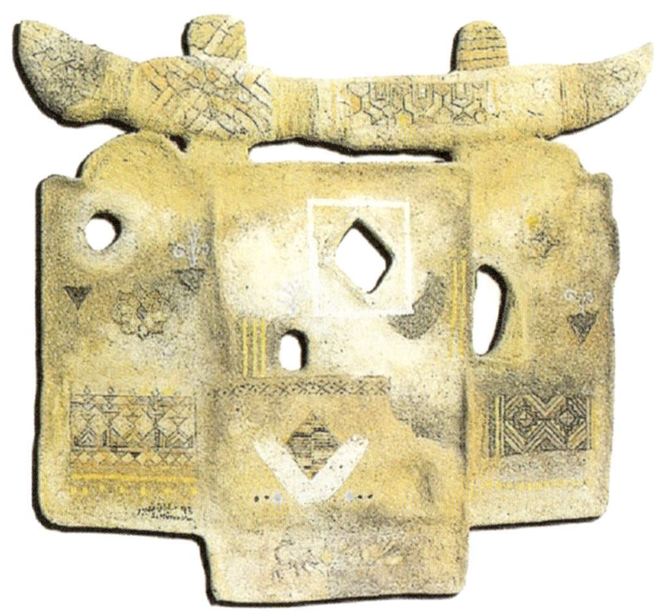

Abb. 12: Sliman Mansour, Der Prophet, 100 × 100 cm, Lehm, pigmentierte Jute und Holz, 1994.

In der Befreiungstheologie amerikanischer und südafrikanischer Prägung ist es gerade Mose, der zum Leitbild für die Befreiung wurde, weil er sein Volk aus der Knechtschaft geführt hat.

Die Vielschichtigkeit des Mosesbildes in der Tradition und in den Religionen muß man vor Augen haben, wenn einem Kunstwerk aus palästinensischer Hand der Titel „Prophet“ gegeben wird.

2. Das Gebet um hörende Ohren und sehende Augen wird in der Bibel oft gesprochen. Daß man hört und nicht versteht, daß man sieht und doch nichts wahrnimmt gehört zu den Scheltworten der Propheten, aber auch Jesu (Mt 13,13). Offenheit und Wachheit für Gottes Stimme und die Situation des Menschen sind Gottes Gabe. Beides zu haben ist Grundbedingung für das Amt eines Propheten. Nur ausgerüstet mit diesen Gaben kann er gezielt in eine Situation hinein Gottes Wort ausrichten.

Die großen Seitenrechtecke sind gleichsam die Ohren des Propheten. Sie sind nicht geschlossen, sondern offen für das Wort Gottes, das mal leise raunend, mal deutlich und hart den Propheten trifft. Das Auge ist weit geöffnet. Wie wichtig gerade in heutiger Zeit solche Wachsamkeit ist, unterstreicht Mansour noch dadurch, daß er es in ein weißes Rechteck einfügt und damit das Auge gleichsam zum Fenster macht, durch das die Welt wahrgenommen wird.

Daß der Künstler sich nicht eng an die natürlichen Formen eines menschlichen Gesichtes hält, sollte nicht verwundern, denn Kunst stellt nicht einfach Vorhandenes dar, sondern macht durch Verhüllung sichtbar, worum es geht und was wichtig ist. Sie will nicht abbilden, sondern verdeutlichen. Nur so kann eine Botschaft vermittelt werden.

Reine Lippen sind das 3. Kennzeichen echten Prophetentums. Jesajas Lippen werden gereinigt, als er zum Propheten berufen wird (Jes 6). Die weiße Farbe der Lippen deutet an, daß dieser Prophet von Gott gereinigt ist und seine Sünden ihm vergeben wurden. Ob Mansour ihm Worte in den Mund legt, die er empfangen hat und die er nun verkündigen soll, wird mit einem Text angedeutet, der in einen Rhombus eingeschrieben ist. Welche Worte es sind, läßt sich auf der mir vorliegenden Abbildung nicht erkennen. Daß es aber keine esoterische Geheimschrift ist, davon wird man ausgehen können. Mansour lebt in Palästina und will für die Menschen in seiner Umgebung wirken. Die klassischen palästinensischen Bordüren oberhalb des Mundes und unten auf den beiden Seitenrechtecken zeigen, daß es um das Prophetentum hier und jetzt in Palästina geht. Einen Propheten wie Moses braucht das Land nötiger denn je. Dieses Werk scheint mir ein geheimes Gebet zu sein, daß Gott jemanden sende, der wie Moses das unterdrückte Volk in die Befreiung führt und wie Jesaja Versöhnung zwischen den Menschen und Völkern vollmächtig verkündigt.

3 Ein Künstler im Exil: Kamal Boullata

Aubade II *(Abb. 13)*

Es war dieses Bild „Aubade", „Morgenständchen", von Kamal Boullata, das mich faszinierte und auf die palästinensische Kunst aufmerksam machte. Es zierte den Umschlag der Festschrift zum 60. Geburtstag von Christine Lienemann, Prof. für Ökumene- und Missionswissenschaft in Basel und Bern. Die Herausgeber schreiben dazu: „Wir haben in ‚Aubade II' das Nebeneinander von Feldern gesehen, strukturierende, aber nicht gewalttätig trennende Grenzen, unterschiedliche Tönungen, aber doch ein lebendiger Grundton, Öffnungen, die Durchblick erlauben in helles Licht … Uns war die dritte Vision des Propheten Sacharja … in den Sinn gekommen …:

> *Und ich hob meine Augen auf und sah, und siehe, ein Mann hatte eine Meßschnur in der Hand. Und ich sprach: Wo gehst du hin? Er sprach zu mir: Jerusalem auszumessen und zu sehen, wie lang und breit es werden soll. Und siehe, der Engel der mit mir redete, stand da, und ein anderer Engel ging heraus ihm entgegen und sprach zu ihm: Lauf hin und sage diesem jungen Mann: Jerusalem soll ohne Mauern bewohnt werden wegen der großen Menge der Menschen und des Viehs, die darin sein wird. Doch ich will, spricht der Ewige, eine feurige Mauer um sie her sein und will mich herrlich darin erweisen" (Sach 2,5–9) …*

Die Vision lädt zum Vertrauen darauf ein, daß Identität nicht von außen definiert werden muß, sondern von innen, von Gott selbst geschenkt und gesichert wird … Boulatta lebt in Frankreich, stammt aber aus Palästina, also aus einer Region, in der im Verlauf der Jahrhunderte Zeiten mit offenen Grenzen sich abwechseln mit solchen, in denen Grenzen im Gegenteil mit Gewalt markiert und verteidigt werden. Gegenwärtig erleben wir ohnmächtig mit, wie im Konflikt zwischen Israel und Palästina der Streit um Grenzverläufe eine mörderische Dynamik der Gewalt anheizt. Wie ein Gegenentwurf steht dagegen das in hoffnungsvollem Blau gehaltene Bild „Aubade" („Morgenständchen").[6]

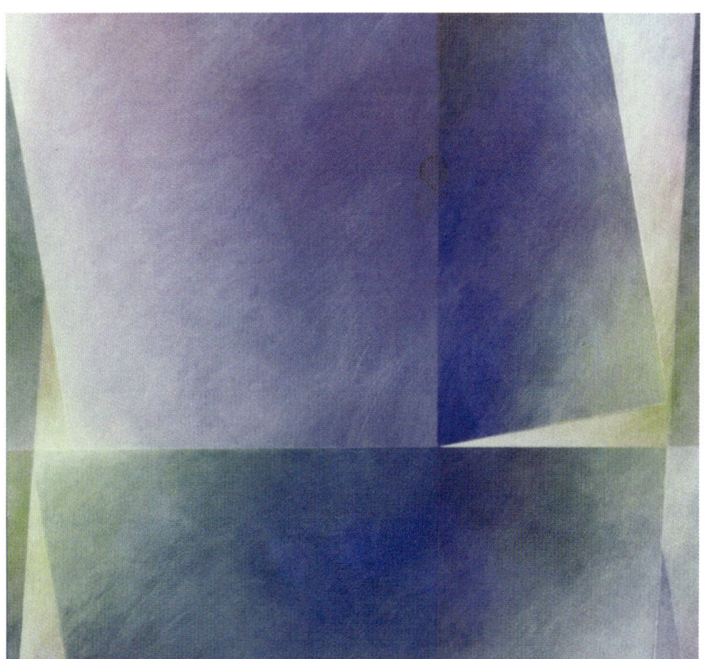

Abb. 13: Kamal Boullata, Aubade II, Öl auf Leinwand.

---

6 K. Kusmierz, B. Schubert, R. von Sinner, H. Walz, B. Weber (Hg.), Grenzen erkunden zwischen Kulturen, Kirchen, Religionen. FS für Chr. Lienemann-Perrin, Frankfurt/M. 2007, 7 f.

Ich habe den Text aus der Einleitung zur Festschrift so ausführlich zitiert, weil er Wesentliches aus dem Werk Boullatas und seinen Kontext auf den Punkt bringt.[7] (Zur Interpretation des Bildes s. unten S. 41/42.)

Boulatta wurde 1942 als jüngstes von 5 Geschwistern in der Altstadt Jerusalems geboren. (Abb. 14) Er gehört zu einer alteingesessenen Familie, die sich – nach Aussagen des Bruders – bis auf die Zeit der Jebusiter, also die Zeit Davids, zurückverfolgen läßt. Auch wenn man nicht so weit die Genealogie zurückverfolgen will, seine Geburtsstadt Jerusalem prägt sein Denken, sein Weltbild und seine Kunst. Dem Großvater gehörte ein ansehnliches Mittelklassehaus in Jerusalem, in dem die drei Generationen der Familie zusammen wohnten. Ein Foto dieses Hauses in der Nähe des Jaffatores aus dem Jahre 1960 macht deutlich, welchen Einfluß die Umgebung auf den Jungen hatte, die schmalen Gassen, die strengen Mauern, die klare Architektur. Der Krieg nach der Ausrufung des Staates Israel im Jahre 1948 aber machte dieses Zuhause zunichte. Der Großvater und seine Familie flohen nach Bethlehem, wo sie eine notdürftige Unterkunft als Flüchtlinge fanden. Gebrochenen Herzens starb der Großvater wenige Wochen nach der Flucht. Jüdische Immigranten besetzten das Haus. Für die palästinensische Familie war der Besitz für immer verloren.

Jerusalem war für den Jungen damit noch nicht verschlossen. Er nahm Malunterricht bei einem befreundeten Künstler, der in der Nähe des Neuen Tors wohnte, so daß die Straßen und Plätze um das Jaffator weiterhin das ihn prägende Ambiente wurden. Wie tief es sein Lebensgefühl bestimmte wird daran deutlich, daß er später in einem seiner Ausstellungskataloge ein Gedicht von M. Barrault zitiert:

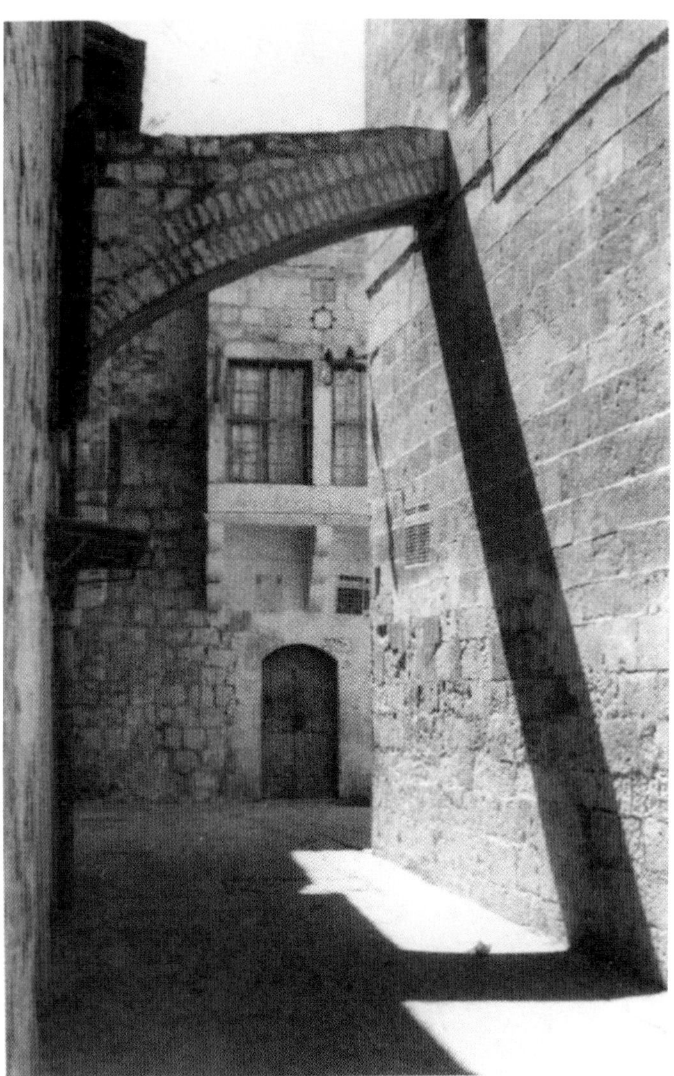

Abb. 14: Foto. Blick auf das Jerusalemer Haus von Boullatas Familie.

[7] Im Folgenden beziehe ich mich weitgehend auf Gannit Ankori, Palestinian Art, London, Reaktionbooks, 2006, 93 ff. Eine Begegnung mit K. Boullata im Juni 2013 in Berlin führte zu neuen Einsichten.

I find myself defining threshold
as being the geometrical place
of the comings and goings
in my Father's House.

Nun ist die Schwelle eines Hauses oder einer Wohnung nicht nur im ostasiatischen Bereich, sondern auch in der Kultur des Nahen Osten von symbolträchtiger Bedeutung. Sie trennt das Innen und Außen, den Bereich der Familie von der „feindlichen" Außenwelt. Sie zeigt an, daß man einen anderen Raum betritt, den der Gastfreundschaft. Man zieht möglichst die Schuhe aus, denn Stiefel und Schuhe zeigen an, daß man fremd ist und bleiben will oder gar Feindschaft ins Haus tragen wird. Die Schwelle signalisiert beides, Kommen und Gehen, den Weg in die Vielfalt des Lebens, zu dem man sich entscheiden muß, und das Heimkommen in das Vertraute, die Geborgenheit des Hauses und der Familie. Sie wird ein heimlicher Schlüssel zum Verständnis von Boullatas Kunst.

Boullatas Jugend ist geprägt von der Suche nach Möglichkeiten zum Malen. Er nahm Malunterricht, wo er konnte, machte kleine Ausstellungen und konnte sogar als 15-Jähriger ein Ölbild in Amman verkaufen. Er tat sich mit befreundeten Künstlern zusammen, mit denen er die neusten Trends europäischer und amerikanischer Kunst diskutierte, den sozialistischen Realismus ebenso wie die Entwicklungen abstrakter Kunst.

Nach einem Studium in Rom an der Kunstakademie (1961–1965) unterrichtete er für kurze Zeit an der Lehrerausbildungsstätte in Ramallah. Aber er wollte nicht Kunst unterrichten, sondern schaffen. Jerusalem und Beirut wurden die Orte, zwischen denen er nun pendelte. Beirut war damals der Ort, wo sich Künstler aus allen arabischen Ländern trafen, besonders aber palästinensische. Doch während diese sich ganz unter den Vorgaben der PLO einem strengen Realismus zuwandten, suchte er nach neuen Wegen und einem eigenen Stil. Letztlich suchte er der Fragmentierung seines Lebens einen adäquaten Ausdruck zu geben. Er erlebte ja seit langem die Zweiteilung seiner Stadt, den Stacheldraht, der eine Zone des Niemandslandes durch die Stadt schuf. Doch nicht das Bruchstückhafte, das Fragment, sollte Inhalt und Form seiner Kunst bestimmen, er suchte nach dem Ausgleich, der Balance. Das Erbe des Großvaters, eines Architekten, schlägt sich durch. Er will das Zerbrochene so darstellen, daß die Möglichkeit des Ganzen und Heilen sichtbar wird. Er entwirft Reihen von Bildern, „konstruiert" sie so, daß Ordnungen erkennbar werden.

Der 6-Tage-Krieg von 1967 traf ihn in Beirut. Beirut wurde Zufluchtsort vieler palästinensischer Studenten. Zeitweise versuchte er ihnen durch Malunterricht weiterzuhelfen. Doch er, der nun endgültig zum Exulanten geworden war, wurde zum flüchtigen Wanderer, bis er sich nach verschiedenen Stationen in Südfrankreich niederließ. Das arabische Erbe im nahen Spanien, das Licht des Mittelmeers, das Flimmern der Luft, die Farben von Sand, Blumen und Bäumen sind nun das neue Zuhause und erinnern ihn zugleich an sein verlorenes Paradies. Er wird zum Bürger zweier Welten. Bikulturalität bestimmt sein Leben und seine Kunst fortan.

Boullata hat figurativ gemalt, doch die für uns wichtigen Bilder sind abstrakt und sind streng am Rechteck/Quadrat und der das Blatt bestimmenden Linienführung orientiert. Es gibt offenbar verschiedene Gründe für diese Grundstruktur seiner Kunst. Er selbst sagt gelegentlich, daß sich immer wieder die ersten Versuche seiner Malerei, von seinem ersten Mallehrer übernommen, in den Vordergrund schieben. Dort hatte er gelernt, Linien so zu führen, daß sie Felder bildeten, Gitter, die er ausfüllen sollte. Das Erbe seines Großvaters, des Erbauers sovieler Häuser, die klaren Strukturen der Häuser in Jerusalem und ihre scharf gekanteten rechteckigen oder quadratischen Steine haben das Ihre dazu beigetragen. Später entdeckte er die Bedeutung der arabischen mathematischen Reihen und läßt sich von ihnen für seine abstrakten Bilderfolgen inspirieren.

Es gibt aber noch eine andere Dimension. Daß das Rechteck traditionell die Erde und der Kreis die himmlische, göttliche Sphä-

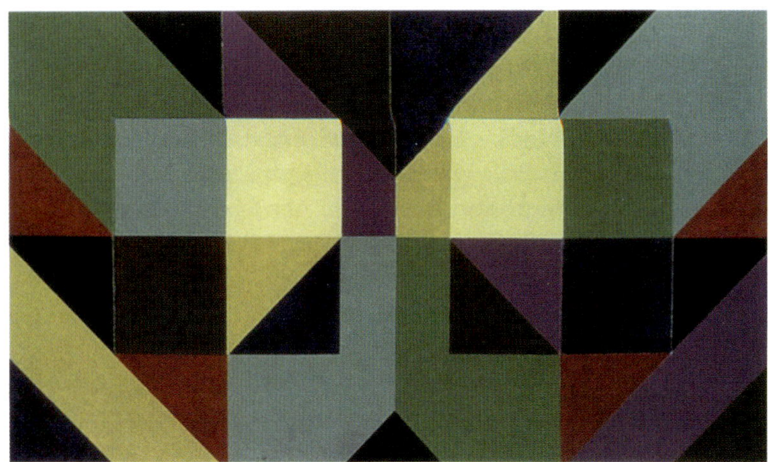

Abb. 15: Kamal Boullata, Iconostasis II, Acryl auf Papier, 1991.

re symbolisieren, war ihm bewußt. Ihm ging es aber vor allem um die Erde, um „the measurement of the earth", wie er offenbar in Anlehnung an das oben genannte Zitat des Propheten Sacharja schreibt, das Ausmessen, die Ausbalancierung der Erde. Seine ihm vertraute Welt, das Land Palästina und seine Grenzen wurden und werden immer neu in Frage gestellt. Die Zuordnung der Quadrate wollen die Balance und Sicherheit vermitteln, die er im Leben gerade nicht hat.

Nicht das Bilderverbot des Judentums und des Islams haben Boullata dazu geführt, abstrakte Formen zu wählen, statt sich auf figuratives Malen zu konzentrieren. Der Einfluß der Ikonenmalerei ist bei ihm, dem orthodoxen Christen, der beim Malen oft Kirchenmusik hört, unübersehbar, denn dort werden die Figuren immer in strenge rechteckige Formen einfügt. Das kleine Bild Ikonostase macht das deutlich.

Die Ikonostase in der orthodoxen Kirche trennt die für die Priester allein zugängliche Apsis von dem den Gläubigen zugewiesenen Kirchenschiff. Aber sie dient auch als Tür zum Allerheiligsten. Verbergen und Öffnen, für beides steht sie, zumal die Heiligenfiguren ihrerseits beides zugleich sind, Bilder des Menschen und Repräsentanten des ewigen himmlischen Heiligtums.

Iconostasis II, 1991 (Abb. 15)

Das Verbergen und Öffnen drückt Boullata ausschließlich durch geometrische Formen aus, die er symmetrisch anordnet: Dreiecke, Quadrate, diagonale Passagen. Im Vordergrund ist eine sich öffnende Tür erkennbar, ein dunkles Doppeldreieck drängt sich von oben in die Öffnung. Zwei helle Quadrate erinnern an den Goldglanz der Ikonen: Transzendenz leuchtet auf. Sie bestimmt das Bild, ordnet die Formen und schafft Beziehungen, die dem Ganzen Sinn geben. Auch wenn die Formen auf beiden Seite der Ikonostase gleich sind, die Farben drücken Differenz, Vielfalt aus. Doch eines wird deutlich: Das Leben wird in der Balance gehalten. Das ist ein zentrales Thema Boullatas, wie wir noch im Detail sehen werden.

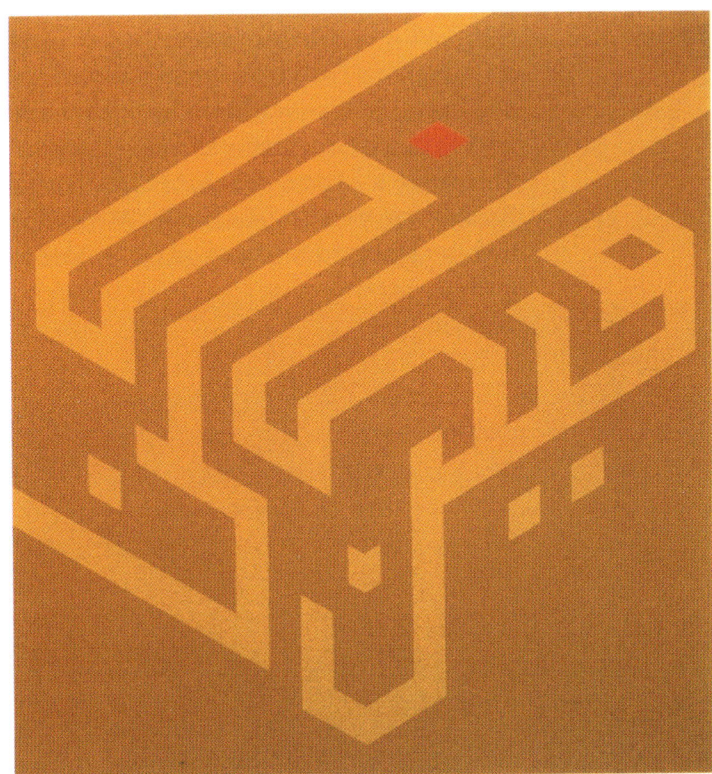

Abb. 16: Kamal Boullata, Kun Fayun „Sei und es geschieht" (Koran 2,111), Seide, 1983.

Kun Fayun „Sei und es geschieht" (Koran 2,111), 1983 (Abb. 16)

Boullata ist von der Schönheit der arabischen fließenden Schrift fasziniert. Darin ist er ganz der arabischen Kultur verpflichtet. Doch wie alle Kalligraphen versucht er sie so zu modellieren, daß sie in sein Konzept der Balance und konstruktiven Ausgeglichenheit paßt und dort Sinn macht. Texte des Korans – heilig für alle Muslime – dienen dabei als Ausgangspunkt. Allerdings, so scheint es mir, wählt Boullata Texte, die zugleich biblische Botschaften wiedergeben. Das Bild „Kun Fayakun" ist dafür ein sprechendes Beispiel. Der Text im Koran (Sure 2,111, Übersetzung R. Paret) bezieht sich auf die Schöpfermacht Gottes und lautet: „Er ist der Schöpfer von Himmel und Erde. Wenn er eine Sache beschlossen hat, sagt er zu ihr nur: Sei! Dann ist sie". Die Schöpfermacht Gottes wird bezeugt. Unumschränkt ist sie, absolut. Die Kürze des Befehls hämmert das ein.

Diese Härte spiegelt das Bild. Die Text wird kalligraphisch zu einem starren, starken Gerüst modelliert. Gott ist Architekt, der seine Welt wie ein Haus konstruiert und baut. Er braucht dazu keine gesonderten Hilfsgeräte, denn das Wort selbst ist das Gerüst. Aber es ist auch die Mauer, die gebaut wird, und die Fenster, die dem Bau erst Leben geben. Das Wort setzt sich fort, die Wortbalken haben kein Ende. Nach islamischer Auffassung wird die Welt jeden Augenblick von Gott neu erschaffen. Auch im christlichen Glauben weiß man von der fortgesetzten Schöpfungsmacht Gottes, die die Welt erhält und erneuert.

Das kleine, rote Rechteck oben im Bild unterbricht markant das monochrome Siena, den Erdton. Es ist jedoch nicht das I-Tüpfelchen, das der Vollendung des Bildes dient, sondern eher ein Kontrapunkt, der auf eine andere Dimension aufmerksam machen will.

Der koranische Vers enthält eine Polemik gegen die christliche Überzeugung, Jesus sei Gottes Sohn, „gezeugt, nicht geschaffen", wie es im altkirchlichen Bekenntnis heißt.[8] Dagegen wendet sich der Spruch. Gott spricht „Sei" und es geschieht. So wurde Jesus nach koranischer Auffassung ausschließlich durch Gottes Befehlswort geschaffen. Von Liebe ist nicht die Rede. Die kommt aber in dem roten Rhombus ins Bild. Wogegen der Koran pole-

[8] In S. 2,111 (116) heißt es: „Und sie sprechen: ‚Allah hat einen Sohn erzeugt.' Preis ihm! Nein; was in den Himmeln und auf Erden, alles gehorcht ihm." Übersetzung M. Henning, Reclam 1960.

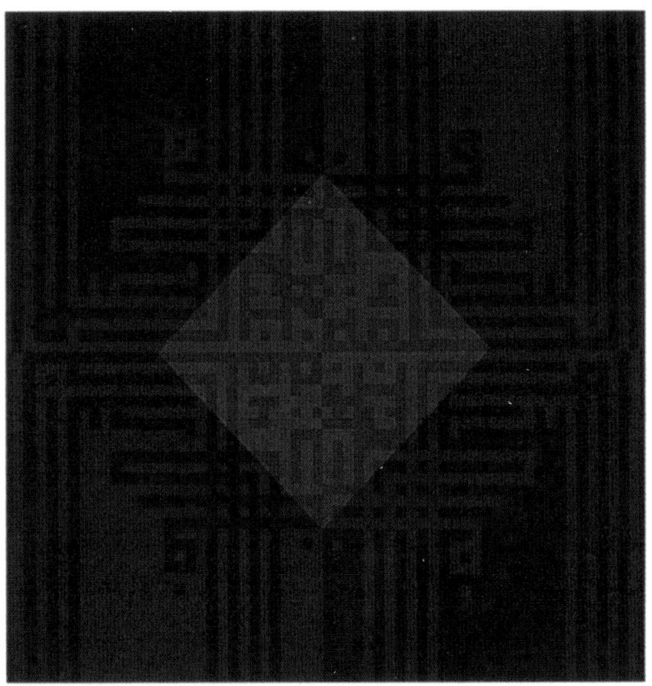

Abb. 17: Kamal Boullata, Im Anfang war das Wort (Joh 1,1), Seide, 1983.

misiert, wird hier bejaht. In Jesus, dem Sohn Gottes, kommt die Liebe in die Welt. „Das Wort ward Fleisch und wohnte unter uns" (Joh 1,14). Nun lebt die Liebe unter uns und bezeugt, daß die Welt in Gottes Liebe ihren Ursprung hat. Davon wird im Koran nichts gesagt, der vehement Gottes Allmacht unterstreicht. Es ist erst die islamische Mystik, die sich dem Gedanken der Liebe öffnet. Boullata scheint ihr ein Tor öffnen zu wollen.

Im Anfang war das Wort (Joh 1,1), 1983 (Abb. 17)

Wie wichtig Boullata der Gedanke des Schöpfungswortes Gottes ist, macht das Bild „Im Anfang war das Wort" (Joh 1,1) deutlich. Das Weltquadrat liegt im Dunkeln, doch seine Basis, der Logos, ist ihm schon immer unterlegt. Das Dunkel ist nicht Chaos. Die schöpferische Vernunft des Menschen und Künstlers entdeckt die innere Ordnung, nach der die Welt geschaffen wurde und erhalten wird. Hell wird es, wenn das Licht anbricht und das Wort in dieser Welt Fleisch wird. Doch nicht alles, nicht die ganze Welt wird dadurch erhellt. Wieder ist es das Quadrat, nun quer gestellt zur Ordnung der Welt, durch dessen Struktur Boullata zeigt, daß das Neue nicht grenzenlose Beliebigkeit freisetzt, sondern eine neue Ordnung schafft, die im Wort gründet. Erst durch die Fleischwerdung des Logos wird das Fundament erkennbar, das die Welt im Innersten zusammenhält. Nun können wir erkennen, daß Gottes Wort schon immer die Welt trägt. „Sein Wort läuft schnell", heißt es in Psalm 147,15. Es kennt nur die Grenzen, die es sich selbst setzt. Auch die Enden der Erde sind in das feingliedrige Netz des Wortes eingebunden. Die Bildgrenzen zeigen das an.

Allah Nur, Gott ist Licht (Koran S. 24,35), 1982 (Abb. 18)
„Gott ist das Licht der Himmel und der Erde", heißt es im Koran. „Gott ist Licht und in ihm ist keine Finsternis", heißt es in der Bibel. Und: „Er wohnt in einem Licht, da niemand zukommen kann" (1. Joh 1,6; 1. Tim 6,16). Boullata wählt Texte aus seiner Kultur und Sprache, die konvergent sind in den Religionen. „Licht" heißt die 24. Sure, der sich alle muslimischen Mystiker in besonderer Weise zuwenden und sich diesem wunderbaren Wort „Licht über Licht" (V. 35) meditativ überlassen. Boullata nimmt den ersten Vers „Gott ist Licht" zum Thema seines Bildes und verbindet damit christliche und muslimische Glaubenswahrheit in ihrer Gemeinsamkeit.

Kann es Licht in der Kunst geben, ohne daß Schatten geworfen werden? In der abendländischen Kunst seit der Renaissance nicht. Bevor die Perspektive in der Renaissance entdeckt wurde, war es das Gold, das das ewige Licht vergegenwärtigte. Das warf keinen Schatten, denn Gold, so die symbolträchtige Bedeutung, leuchtet aus sich selbst und bedarf nicht des irdischen Lichts, um zum Leuchten gebracht zu werden. Darum konnte es für Gott, für das Licht schlechthin stehen. Wie geht nun Boullata vor, der weder das ihm von den Ikonen der orthodoxen Kirchen bekannte Gold verwendet noch auf das ihm aus dem Studium in Rom geläufige Spiel von Licht und Schatten der Renaissance- und Barockmalerei zurückgreift?

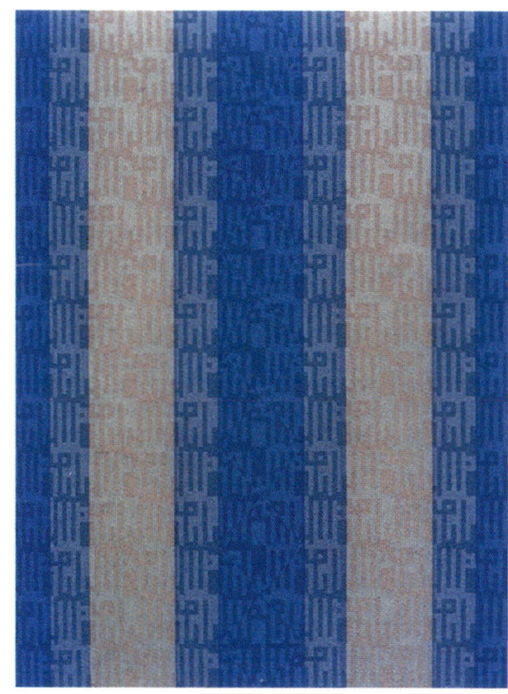

Abb. 18: Kamal Boullata, Allah Nur, Gott ist Licht (Koran S. 24, 35) Seide, 1982.

Auf diesem Bild ist kein Licht zu sehen. Würde die Kalligraphie den Satz „Gott ist Licht" nicht in unendlicher Folge wiederholen, könnte man meinen, der Titel des Bildes sei verfehlt. Doch sein Ansatz ist subtiler: Das ewige Licht „inkarniert" hier ins Wort. Dieses Wort legt sich über den Kosmos, ist gleichsam der Wort gewordene Geist Gottes, der zu Beginn der Schöpfung über dem Wasser schwebt (1. Mose 1,3). Es teilt die Welt in Licht und Dunkel, in Tag und Nacht. Es trennt die Wasser von der trockenen Erde. „Und Gott nannte das Trockene Erde und die Sammlung der Wasser nannte er Meer" (1. Mose 1,10). Die Farbbänder deuten die Unterschiede an: Das Blau des Himmels, das blasse Blau des Wassers, das Graubraun der Erde, sie sind voneinander deutlich getrennt und gehören dennoch wie zu Beginn der Schöpfung zusammen. Es ist das Schöpfungswort Gottes, das sie trennt und zusammenhält. Das Wort bleibt immer es selbst, in ihm ist kein Dunkel und keine Veränderung. Aber es nimmt in Nuancen die Farbe des Untergrundes an, die Farbe des Wassers, und erhellt es, die Farbe der Erde, und befruchtet sie, so daß die Erde, wie es im Schöpfungsbericht heißt, hervorbringt Gräser, Kräuter und Bäume (1. Mose 1,11). Die senkrechten herabfallenden Bänder sind in strenger Symmetrie angeordnet und zu einem ausbalancierten Ensemble zusammengeführt. Ein heimliches Thema der Kunst Boullatas wird erkennbar: Das Chaos ist bewältigt. Die Unordnung, die Existenz in verschiedenen Welten, die sein Leben bestimmen, findet eine Ordnung. „Dein Wort ist ... ein Licht auf meinem Wege", heißt es in der Bibel (Ps 119,105).

Kunst, gelungene Kunst spiegelt immer auch etwas von der Biographie des Künstlers, der sich mit seinen Empfindungen, seinen Erfahrungen, den Wegen und Umwegen seines Lebens einbringt in seine Kunst. So wird sie authentisch und gewinnt an Tiefe. Das gilt auch für Boullata. Die starke strukturelle Ausrichtung seiner Bilder an Quadraten und Rechtecken nimmt frühste Erfahrungen seines ersten Malunterrichts auf, wie wir sahen. Aber die Tiefenschicht seiner Erfahrungen reicht weiter. Es sind die Mauern Jerusalems, die Wände der Kirchen wie die der Anastasis, der Grabeskirche, die herrlichen, großen Tore Jerusalems, die in diesen Rechtecken zu Worte kommen und Erinnerungen wachrufen. Boullata findet in der Form der Steine das zeichnerische Mittel, alles das auszudrücken, was ihn in seinem Leben prägte und ihn mit der Vergangenheit und Gegenwart palästinensischer Wirklichkeit heute verbindet.

„Wasser ist die Farbe seines Behälters", zitiert Boullata einen Sufi-Meister und sieht darin ein Grundaxiom, das seine Kunst prägt.[9] Während der Sufi, ein Glasbläser aus Bagdad, auf die tiefe Beziehung von Leib und Seele hinweisen will, sieht Boullata darin nicht so sehr die Bedeutung ausgedrückt, die der Kontext für jedes Kunstwerk hat, sondern die unendlich tiefe Beziehung, ja Interaktion zwischen Wort und Bild. Er selbst hat sich vielfach in Essays zur Kunst geäußert und das Wort so zentral ins Bild hineingenommen, daß es den Sinn des Bildes bestimmt. Es geht aber noch um etwas anderes. Der Satz spricht das Gesetz an, daß der Inhalt sich seine Form sucht und sie prägt. Das ist auch das Geheimnis seiner Kunst. Der ihn bestimmende Sinn seiner Lebenserfahrungen findet in geometrischen Kompositionen den angemessenen Ausdruck. Boullata verweist auf Kasimir S. Malewitsch (1878–1935), den Begründer der konstruktivistischen modernen russischen Malerei, für den das Quadrat der Ausgangspunkt aller Formen ist.[10] Dieser Grundsatz bestimmt auch Boullatas Malerei. Wird dabei das für seine Kunst so wesentliche „Wort" überflüssig und durch das Bild ersetz? Boullata verweist auf den Titel, auf die „Unterschrift", die er jedem Bild gibt. Die wird nicht wie bei Klee nachträglich, spielerisch hinzugefügt, sondern hat das Werden des Bildes begleitet. Der Titel macht auf den Sinn, auf die Botschaft des Bildes aufmerksam. Es soll den Betrachter anregen, in ein Gespräch mit dem Bild einzutreten. Dieses Gespräch ist ihm wichtig. Boullata teilt mit der modernen Semiotik die Überzeugung, daß das Bild erst im Betrachter zu seinem Ziel kommt. Der Betrachter „vollendet" gleichsam das Bild. Dabei liegt der Sinn nicht ein für allemal fest. Der Betrachter darf und soll sich anregen lassen, verschiedene Interpretationsmöglichkeiten durchzuspielen. Er soll sich einlassen auf das Bild, aber auch auf die Sprache, die Poesie der Farben und die des Wortes. Dieser Übergang vom Bild zum Wort – und umgekehrt – ist für Boullata die Schwelle, die das eine mit dem anderen verbindet und zugleich trennt.

In seinen geometrischen Bildern werden Grenzen gesetzt und überschritten. Sie machen darauf aufmerksam, wie sehr seine Lebenswirklichkeit von Grenzen bestimmt ist, Grenzen, die man überschreiten möchte, aber oft nicht darf. In seiner Serie „Tore" („Jaffator", „Gethsemanetor" u. a.) soll genau diese Raumtrennung von Innen und Außen erfahrbar werden. Die dialektische Bezogenheit von Trennung und Zuordnung der nebeneinanderstehenden geometrischen Formen macht deutlich, warum For-

9 Kamal Boullata, Palestinian Art. From 1850 to the Present, London 2009, 315 f.

10 Für Malewitch ist das Quadrat „an iconic symbol ... the zero of form", schreibt Boullata, ebd. 320.

men und Strukturen Boullatas Bilder wesentlich bestimmen. Durch sie werden Räume und ihre Atmosphäre bildnerisch sichtbar. Das oben genannte Thema „Schwelle“ klingt an.

Eppur si muove („und sie bewegt sich doch“), 1999 (Abb. 19)
Das Thema ist der Satz, den Galileo Galilei nach seiner Verhaftung murmelte. Es läßt jedoch auch Worte eines Pilgergebets anklingen, das Pilger bei der großen Wallfahrt nach Mekka sprechen. Es bezieht sich auf die Arche Noah, die über den gefährlichen, todbringenden Wassern sich sicher bewegt und schwimmt. So bitten die Pilger um Geborgenheit und Schutz auf ihrer Reise, zu Wasser oder auf dem Lande, auf Kamelen oder zu Fuß, auf Schiffen oder in der Luft. Immer ist der Schutz der Arche Noah vor Augen.

Die Blauunterteilung des Hintergrundes ist wichtig. Das dunkle Blau in der Tiefe mag an das Meer erinnern, auf dem die Arche sich bewegt. Das sich aufhellende Blau im oberen Bildteil vermittelt das Gefühl von Hoffnung, spricht von der sich verziehenden Gefahr. Ein rosa getöntes Rechteck bildet den eigentlichen Hintergrund. Es neigt sich nach links und scheint im Wasser unterzugehen. Davor baut sich streng ein grüner Rahmen auf, der vor dem rosa Rechteck eine gelbliche Farbe annimmt. Im Vordergrund schiebt sich vertikal von oben ein breites, helles Band über das ganze Bild. Während im unteren Drittel das Blau die lichte Farbe zu verschlingen droht, machen das Rosa und das Gelb des Hintergrundes es möglich, daß das schimmernde Weiß zum Zentrum des Bildes wird.

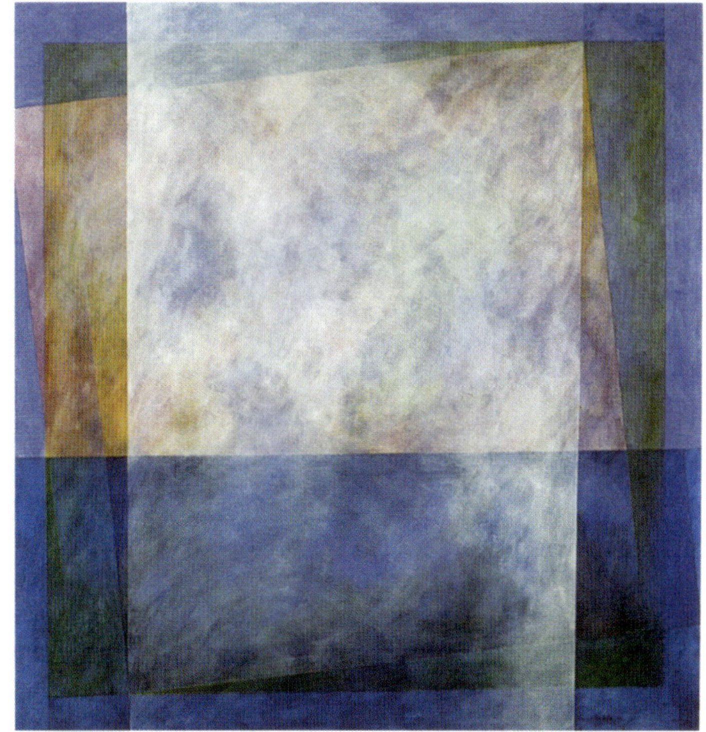

Abb. 19: Kamal Boullata, Eppur si muove („und sie bewegt sich doch“) Acryl auf Leinwand, 1999.

Die Formen sind immer bewußt und rational einander zugeordnet, die Farben aber werden intuitiv gewählt, sagt Boullata gelegentlich. Fraglos vermitteln die leicht verschwommenen, luftdurchwirkten Farbtönungen den Eindruck von Bewegung und Flüchtigkeit, während die Rechtecke geordnete Stabilität signalisieren. Unsicherheit und Festigkeit, Gefahr und Geborgenheit stehen spannungsvoll nebeneinander und bestimmen die Dynamik des Bildes. Die Arche Noah wird zum Symbol des Lebens, des Künstlers im Exil. Aber ist sie nicht Sinnbild jedweden Lebens? Denn jedes Leben ist von Gefahren bedroht und sucht Stabilität, Sicherheit und Ruhe. So gestaltet Boullata ein scheinbar fern liegendes Thema um zur Deutung unseres Lebens.

Boullata mischt nie die Farben, wie er selbst sagte, sondern übermalt die Grundfarbe, einfach oder auch mehrfach. Aber sie bleibt noch erkennbar. Eine besondere Transparenz wird zum Charakteristikum seiner Bilder. Auch das ist zu ihrem Verständnis wichtig. Sie sind nicht eindimensional. Es sind immer mehrere Schichten, durch die man nach und nach vorsichtig hindurchdringen muß, um bis zur untersten Schicht zu gelangen.

Auf diesem wie auf anderen Bildern neigen die Rechtecke sich und bilden eine schiefe Ebene, die die senkrechte Linie im Vergleich zur waagerechten in einen Schwebezustand versetzt. Sie drückt, sagt einmal M. Raphael, „damit einen besonderen (nicht rationalen) Seelenzustand aus – etwas, was zwischen dem Irdischen und dem Überirdischen in der Mitte liegt".[11] Auch wenn man kein Platoniker ist, darf man bis an jene Ebene vordringen, die John Berger gelegentlich „divine" nennt, oder, mit Klee zu sprechen, den auch Boullata zitiert, bis das Unsichtbare sichtbar wird. Wendet man diesen Grundsatz auf das Bild zur Arche Noah an und folgt der mittelalterlichen Farbsymbolik wird man entdecken, wie der Hintergrund des Bildes von Gott spricht. Seine Treue (blau ist das Bild der Treue und der fernen Nähe Gottes) ist hell wie das Blau des Himmels und – unten im Bild – abgründig wie das dunkle Meer, unauslotbar, geheimnisvoll. Aber sie trägt das Leben, wie zersplittert und gebrochen es auch scheinen mag.

Schauen wir uns noch einmal das Bild „Morgenständchen" an (S. 39). Auch hier sind verschiedene Ebenen zu erkennen, insgesamt vier: Ganz immer Hintergrund, nur wenig sichtbar die Dämmerung, die dem Tag weichen muß. Davor bricht wie von oben das Licht des Himmels herein und sorgt dafür, daß die drei großen Rechtecke sich neu justieren. Eins schiebt sich vor das andere, gibt ihm Raum, setzt Grenzen, eröffnet neue Räume.

Auch die Farben sind geschichtet. Sie überlagern sich, wobei die untere der jeweils anderen einen besonderen Glanz verleiht, die ihrerseits der oberen Farbe zu ihrer Eigentlichkeit verhilft. Die Farben sind durchlässig, sind wirksam im Zusammenspiel und machen das Geheimnis des Bildes aus. Die langsam in ein vom Licht durchdrungenes Blau übergehenden Farben lassen den entweichenden Morgennebel spürbar werden. Das Morgenlicht legt sich über die Welt und taucht sie in ein neues Licht. Es verdrängt die Nacht, weckt Hoffnung, gibt Mut, Neues zu wagen, Grenzen zu überschreiten und sich im Ungewissen zu orientieren. Ein Loblied darf erklingen zur Ehre Gottes, ein Hymnus auf die Schönheit der Welt, der gegenwärtigen und der zukünftigen. „Et renovabitur facies mundi", heißt es in einem alten Hymnus: So wird das Gesicht der Erde erneuert werden.

Boullatas Bild meint die Morgendämmerung, wie wir sie am Meer oder auf dem Gipfel eines Berges erleben, aber für ihn drückt sich darin zugleich die Hoffnung aus, daß es einmal auch ein „Morgenständchen" im freien Jerusalem geben wird. Es ist die Hoffnung, daß sich verschlossene Tore öffnen, daß Grenzen überwunden werden, daß Jerusalem neu von Gott vermessen wird. Boullata weist selbst in diesem Zusammenhang auf Sach 2,2. Die Bitte wird laut: Laß es ein offenes Jerusalem sein!

Ascension III „Himmelfahrt", 2001 (Abb. 20)

Im Schatten der Auferstehungskirche – im Deutschen „Grabeskirche" genannt – ist Boullata aufgewachsen. Das prägte ihn ebenso wie die innere Beziehung zu den anderen beiden großen Heiligtümern, die jeweils auf einem Felsen und wie auf einer Achse gebaut und eine Nachahmung der ältesten Basilika in Jerusalem sind. Die Rotunde der Auferstehungskapelle wurde von ihnen als Kinder der „Nabel der Welt" genannt, schreibt Boullata. In der Rotunde der orthodoxen Kapelle liegt tatsächlich ein Stein mit der Aufschrift „Nabel der Welt". Als der Felsen von Golgatha entdeckt wurde, begann man schon bald (im Jahre 327) mit dem Bau, etwa fünfzig Jahre später mit der Basilika auf dem Berg der Himmelfahrt Jesu. In der Fluchtlinie zwischen ihnen, auf dem Felsen, auf dem nach der Tradition Abraham seinen Sohn opfern sollte – wurde in enger Anlehnung an die Auferstehungskirche (nur etwas größer!) der Felsendom (688–692) gebaut. Denn von hier, so die

11 Max Raphael, Raumgestaltungen. Der Beginn der modernen Kunst im Kubismus und im Werk von Georges Braque, Frankfurt a. M. 1989, 90.

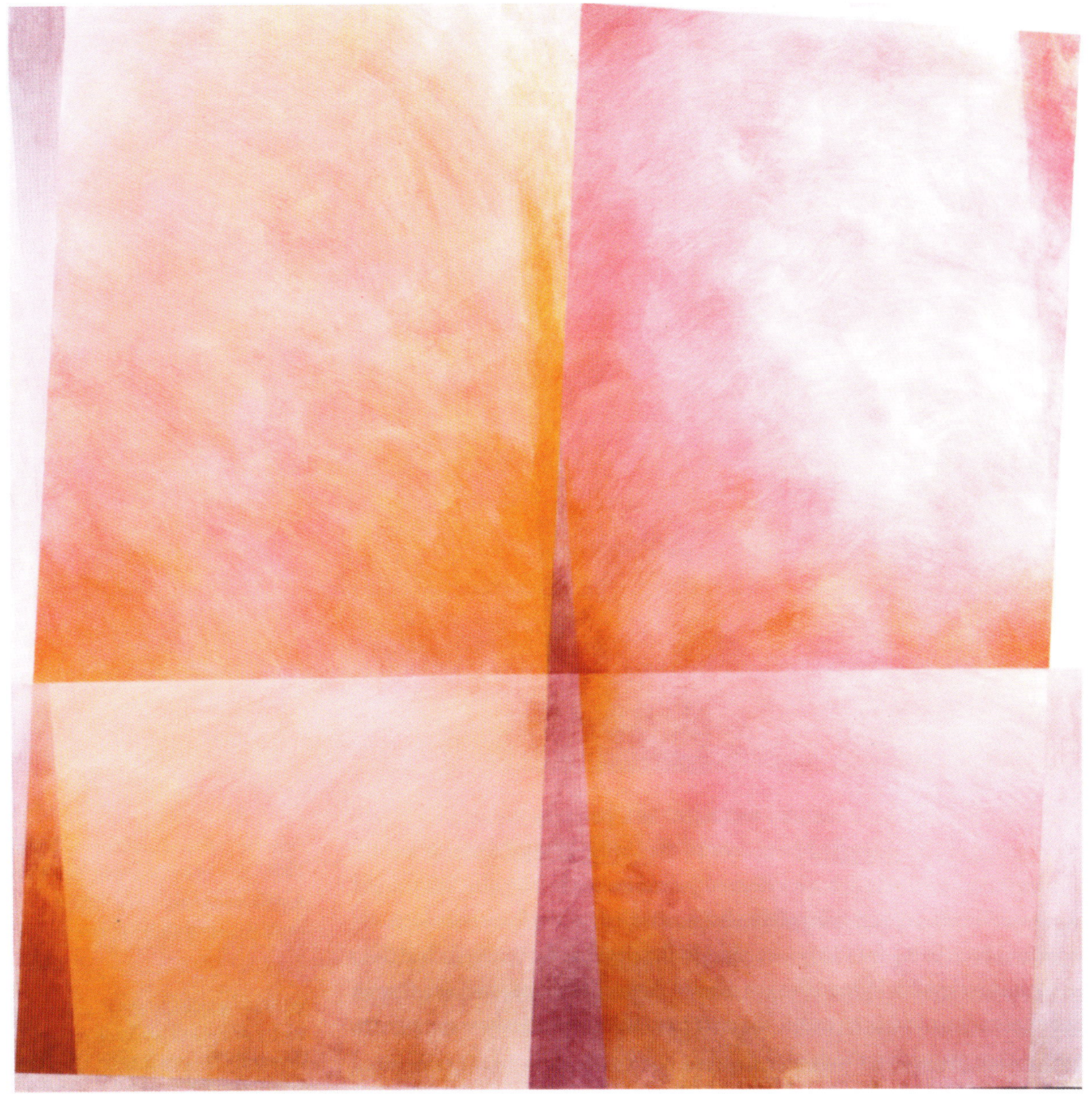

Abb. 20: Kamal Boullata, Ascension III „Himmelfahrt", Acryl auf Leinwand, 132 × 132 cm, 2001.

Überlieferung, fand die nächtliche Himmelsreise Mohammeds statt. Auch dieser Felsen, auf dem der Tempel Salomos gebaut wurde, wird – wie gelegentlich das ganze Jerusalem – als der Nabel der Welt bezeichnet. Der oktogonale Grundriß aller drei Heiligtümer faszinierte natürlich den konstruktivistischen Maler. Ein Oktogon entsteht dadurch, daß zwei Quadrate übereinander um 45 Grad verschoben werden und einen inneren Kreis bilden. Quadrat und Kreis, das sind die Ursymbole für die geschaffene Welt und für den Himmel, für Gott.

Ein Quadrat in weißlich blauer Farbe bildet den Hintergrund dieses Bildes. Vier Rechtecke sind so hineingefügt, daß der Hintergrund nur an den Rändern sichtbar wird. Dennoch darf er nicht übersehen werden, denn seine Farbe durchdringt die Farben der Rechtecke vor ihm, nimmt ihnen, den schweren Quadern, das Gewicht und läßt sie leicht und durchsichtig erscheinen. Zusammengefügt bilden sie ein Kreuz. Im Zentrum der sich kreuzenden Balken leuchtet Licht auf, das, so will es scheinen, den Steinen einen neuen Sinn gibt. Es bedarf keiner großen Anstrengung, den unteren Stein zur Seite zu schieben.

Fast wie von selbst drängt sich das Thema „Auferstehung“ zur Deutung des Bildes auf, auch wenn Boullata es „Himmelfahrt“ nennt und damit das nach oben hin drängende Gold zwischen den Quadern zum Zentrum der Interpretation des Bildes macht. Ich setze einen anderen Akzent. Jedes große Kunstwerk ist offen für verschiedene Interpretationen, ja lädt dazu ein. Das durch die vier Rechtecke gebildete Kreuz ist auf schmale Striche zusammengepresst. Man darf es nicht vergessen, aber nun soll man sich ganz dem Licht des Ostermorgens zuwenden. Der Stein vor dem Grab wird weggeschoben. Das Grab wird leer sein. Die Morgendämmerung, die „rosenfingrige“, wie sie in der Odyssee genannt wird, taucht alles in ein sanftes Licht und läßt Leid und Tod vergessen. Der Himmel öffnet sich. Christus wird eingehen in das Reich der Herrlichkeit. Der Tag der Auferstehung Christi ist nach orthodoxer Lehre der erste Tag der neuen Schöpfung. Das sagt auch das Bild. Und leise schimmert die Hoffnung durch, daß auch in Jerusalem die schweren Steine der Trennung leicht werden und für die Stadt ein Auferstehungstag, ein neuer Morgen anbrechen wird.

4 Drei palästinensische Künstler in Israel

Mit diesem Kapitel begeben wir uns in einen neuen Kontext. Nicht das traditionelle palästinensische Bethlehem, nicht das Exil ist der Lebensraum der folgenden Künstler, sondern Galiläa. Eine Landschaft, in der das Herz der Israelis schlägt und das doch uraltes Wohngebiet der Palästinenser ist, in dem ihre Vorfahren lebten und starben, ehe die Israelis einwanderten. Heute sind Israelis und Palästinenser Nachbarn, die sich gegenseitig beeinflussen, ob sie es wollen oder nicht. Der mehrfach erwähnte palästinensische Dichter Mahmoud Darwisch benennt das daraus sich für die Menschen ergebende Problem präzis in einem Interview: „Ich kann den Platz, den der Israeli in meiner Identität erobert hat, nicht ignorieren. Er ist dort, ganz gleich, was ich von ihm denke. Er ist eine physische und psychische Tatsache. Die Israelis haben die Palästinenser verändert und umgekehrt. Die Israelis sind nicht mehr dieselben wie die, die einst gekommen sind, und die Palästinenser sind nicht mehr dieselben, die sie einmal waren. In jedem gibt es den Anderen … Jetzt … sprechen wir von einer israelischen Komponente in der palästinensischen Identität. Das ist eine breitgefächerte, heterogene Komponente. Ich brauche Heterogenität, sie bereichert mich. Der Andere stellt eine Verantwortung und einen Prüfstein dar. Zusammen unternehmen wir nun etwas geschichtlich Neues. Das Schicksal hat uns dazu aufgefordert.“[12] Es findet ein innerer Dialog statt, welche Form er auch immer annimmt. Doch der letztlich notwendige, den selbst die Leiter der Geheimdienste im Fernsehen fordern, der öffentliche und politische Dialog, findet nicht statt. Oder werden die 2013 begonnenen Friedensgespräche ein neues Kapitel der Beziehungen zwischen Palästinensern und Israelis aufschlagen? Bisher sind es vor allem die Künstler, die Brücken schlagen und Gemeinsamkeiten herstellen.

Ein weiteres Problem muß genannt werden. Die im Exil lebenden Palästinenser betrachten mit großem Vorbehalt die in Israel lebenden Palästinenser und hinterfragen mal lauter, mal verhaltener ihre Identität. Wem gilt ihre Solidarität? Sie leben in ihrer angestammten Heimat (wenn auch selten auf ihrem ursprünglichen Landbesitz), haben einen israelischen Pass und können sich weltweit frei bewegen. Die Leiden der Exulanten teilen sie nicht. Daß sie in Israel wie Fremde behandelt werden, scheint das Leid der auswärts lebenden Palästinenser nicht aufzuwiegen. Oder doch? Mir scheint, daß zu ihrer Identitäsfindung solche Infragestellungen nicht hilfreich sind. Können sie die überströmende Freude des aus dem Exil zurückkehrenden Dichters Mahmoud Darwisch teilen, wenn er beglückt ausruft: „Die Orte strahlen weiterhin ihre Schönheit und Vitalität aus. Sie betrachten mit Ironie das Schicksal, dem die Geschichte sie unterworfen hat“?[13]

Wie das die Kunst der in Nordisrael lebenden palästinensischen Künstler beeinflußt, ist bei der Interpretation ihrer Werke mitzubedenken. Für das Kunstschaffen Michael Halaks ist das Problem der Identitätsuche zentral.

[12] Mahmoud Darwisch, Palästina als Metapher. Gespräche über Literatur und Politik, Heidelberg 1998, 199 f.

[13] Mahmoud Darwisch, ebd. 217.

4.1 Michael Halak

Michael Halak wurde 1975 in dem kleinen christlichen Dorf Fassuta in Galiläa geboren. Heute lebt er als freischaffender Künstler in Haifa. Nach dem Studium der Archäologie und Erziehungswissenschaften bekam er ein Stipendium der America-Israel Cultural Foundation für ein Kunststudium in Florenz (2005). Das Kunststudium setzte er an der Universität von Haifa in den Jahren 2007–2009 fort. Er wurde inzwischen mit zahlreichen Preisen ausgezeichnet.

Als ich ihn in Haifa im Studio von Abed Abdi traf, brachte er keine seiner Arbeiten mit, sondern einen Katalog der Noga Gallery in Tel Aviv: „Faces and Landscapes". In neorealistischer Malweise, photographisch genau, werden Landschaften und Porträts festgehalten. Es sind Gesichter, die auf den ersten Blick freundlich, aber wenig ausdrucksstark erscheinen. Auf den zweiten Blick erkennt man jedoch die inneren Spannungen, die die Landschaften prägen, wie auch die verborgenen Unsicherheiten in den Gesichtern der Menschen. Da sind neue, villenartige Gebäude in grüner Umgebung, doch die Ruinen ehemaliger palästinensischer Häuser sind nicht zu übersehen. Oder die friedlich wirkende moderne Stadt unter blauem bewölkten Himmel wird von einem großen Reklameschild von Adidas oberhalb einer unübersteigbaren Mauer überdeckt: „Run yourself better". Es sind leise Töne, die hier angeschlagen werden. Das Eigentliche versteckt sich in Andeutungen. Es wird nicht direkt gesagt. Man muß es erraten.

Mich faszinierte zunächst, wie viele Selbstporträts der Katalog enthält. Erstaunt schaute ich auf: „Sie sind offenbar auf der Suche nach Ihrer Identität?"

Künstler fordern mich bei einem Besuch in ihrem Studio oder einer Galerie öfter auf, sie über ihre Bildern zu befragen, denn ihre Gegenwart könne doch genutzt werden. Darauf gehe ich selten ein, sondern lasse zuerst die Bilder selbst sprechen. Hier aber kam die Frage an den Künstler so unmittelbar und spontan, daß ich fast erschrocken war über die Direktheit meiner Frage. Seine Antwort kam ebenso spontan und offen und führte ins Herz seiner Kunst:

Ich bin in einem kleinen christlichen Dorf in Nordisrael aufgewachsen. Meine Muttersprache ist Arabisch. Wenn ich aus dem Dorf gehe, bin ich in einer muslimischen Umgebung, aber trotz der gemeinsamen Sprache nicht Teil der Gemeinschaft. Gehe ich weiter in den nächsten Ort, bin ich in einer israelischen/jüdischen Gemeinde, in der ich wie ein Fremder behandelt werde, auch wenn ich einen israelischen Paß besitze. Wer bin ich und wohin gehöre ich? Was ist meine Identität?

Man muß den Kreis des Fremdseins noch ausdehnen: Außerhalb Israels wird er in arabischer Umgebung als „israelischer Palästinenser" angesehen und oft nicht akzeptiert. Er gilt dort manchen als Verräter.

Immer wieder wird mir bewußt, wie schwierig es für die Palästinenser ist, zugleich Araber und Christ zu sein. Die Muttersprache ist die heilige Sprache des Koran, Mutter der arabischen Kultur schlechthin. Identitätsfindung hängt entscheidend davon ab, welche Werte den Menschen am tiefsten prägen. Zwar wehren sich arabische Christen dagegen, Christsein und Arabersein gegeneinander auszuspielen. Aber wie sollen sie die sie bestimmenden unterschiedlichen Werte einander zuordnen? Gibt es eine Hierarchie der Werte? Zuoberst die christlichen? Aber kann man sie von ihrer Muttersprache trennen? Könnte nicht gerade in diesem Zusammenspiel auch ein Reichtum verborgen sein? Es sind die Künstler, die am ehesten versuchen, beides miteinander zu verbinden und zu integrieren. In ihrer Kunst darf man auf Spurensuche gehen.

Um dieses Problem ringen die Porträts von M. Halak. Wie bewältigt er künstlerisch das, was ihn bis im Innersten berührt und bewegt? Welche Identität oder gar Identitäten finden sich in seinen Bildern? Die erste allgemeine Antwort lautet: Er will wahrgenommen werden.

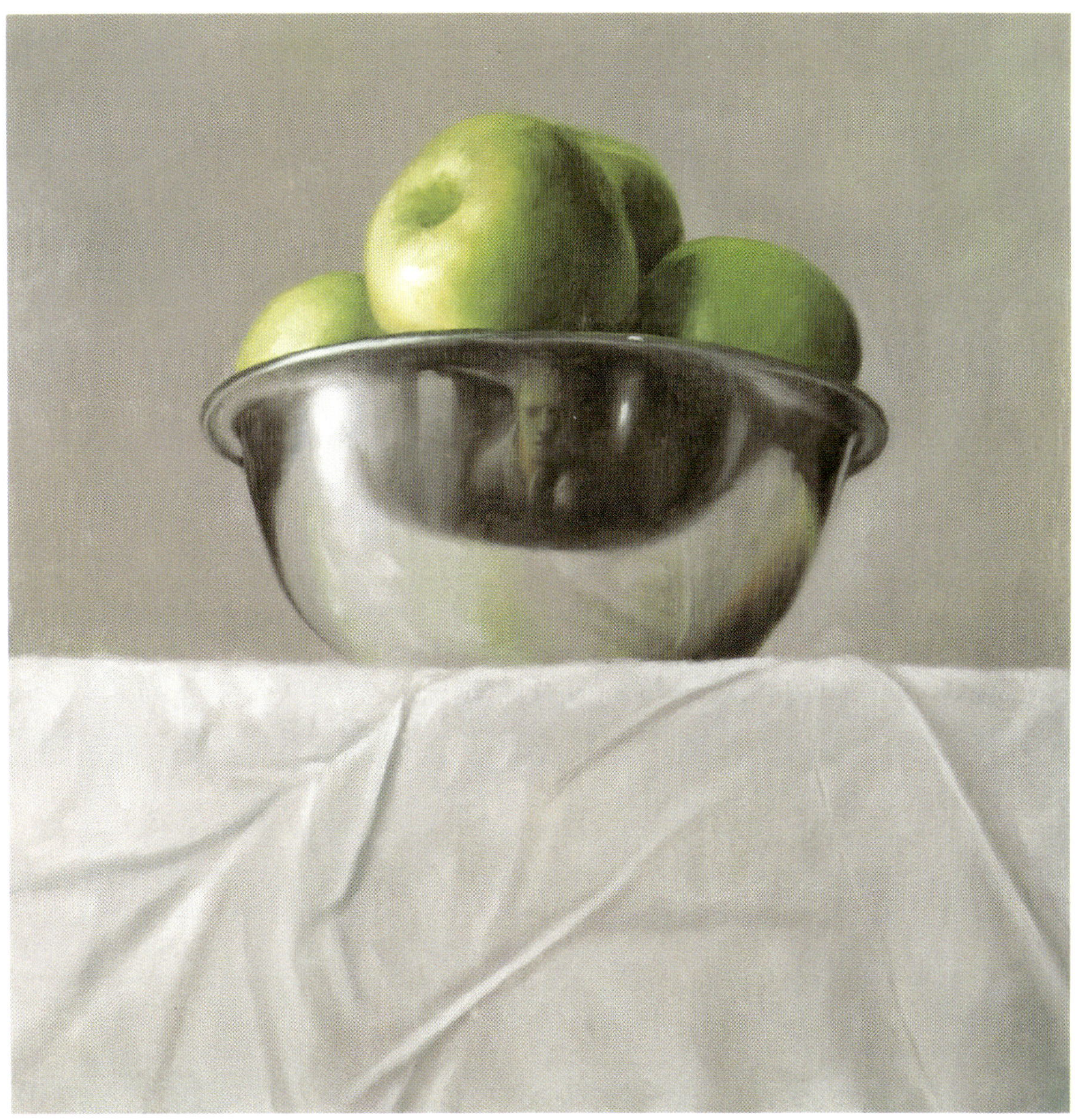

Abb. 21: Michael Halak, Ohne Titel, Öl auf Sperrholz, 50 × 50 cm, 2009.

Ohne Titel, 2009 (Abb. 21)
Auf diesem Bild aus dem Jahr 2009 ist der Künstler nur verschwommen zu sehen. Der Raum ist ohne Tiefe. Ein lose fallendes, nicht ganz weißes Tischtuch trennt das Bild in zwei Hälften. Vor dem fahlen Grau des Hintergrundes wirken die vier grünen, von links leicht beschienenen Äpfel wie ein erfrischender Kontrast. Ein Stilleben im klassischen Sinn? Die französische Bezeichnung eines Stillebens wäre hier angemessener: „nature morte“. Die Äpfel beleben nicht das Bild, sondern unterstreichen kontrastiv die graue Eintönigkeit des Bildes, das in der metallenen Schale ihr Zentrum hat. Undeutlich, wie verwaschen erscheint das Bild des Künstlers in der Schale gespiegelt. Das von links kommende Licht erhellt sein Angesicht nicht. Die Spiegelung der Tischdecke unterstreicht die Rundung der Schale, läßt aber das Bild des Künstlers im Dunkel. In diesem Spiegel bleibt er sich selbst ein Fremder.

Selbstporträt, 2009 (Abb. 22)
Im gleichen Jahr 2009 entstand das folgende Selbstporträt. Vor einem wolkenlosen, tiefblauen Himmel ist ein Mann zu sehen, dessen nach innen gewandtes Gesicht müde geworden ist. Ist es Trauer oder Frustration, das ihn hindert, nach vorne und ins Offene zu schauen? Die schwarze Mütze und die dunkle Jacke unterstreichen die Bedeutung der dunklen Augenbrauen und Wimpern, die nichts als Schwermut auszudrücken scheinen. Verschwommen sind Mund und Kinn gemalt. Der Mensch ist verstummt. Nicht einmal das Wort ist ihm geblieben. Lohnt es sich noch, den Mund aufzumachen und zu sprechen? Wer will noch die Stimme der arabisch sprechenden Christen hören? Mit Hölderlin kann man fragen: „Wo, wo leuchten sie denn, die fernhintreffenden Sprüche?“ Nein, niemand will sie hören. Ehe das Wort gesprochen ist, endet es schon.

Das ist die zweite Antwort auf die Frage nach christlicher Identität. Wir wollen gehört werden, aber der Mund ist uns verschlossen.

Selbstporträt, 2011 (Abb. 23)
Hier wird die Zerrissenheit palästinensischer christlicher Existenz in muslimischer und jüdischer Umgebung aufs Härteste ins Bild gesetzt.

Das Braun der Erde und das Türkisblau des Himmels werden noch einmal im Gesicht und dem T-Shirt des Künstlers aufgegriffen. Die Farben zeigen, wie jeder eingespannt ist in den Kosmos von Himmel und Erde. Doch der Kosmos hat keine Tiefendimension. Keine Perspektive wird eröffnet. Vor eine flache Wand ist ein „Passphoto“ geklebt. Wieder hat der Maler sich bis ins kleinste Detail genau gemalt, photomäßig. Er versteckt sich nicht.

Wieder scheint er zu sagen: Schaut mich an, so wie ich euch anschaue, wenn auch skeptisch und mit Argwohn gepaart. Das bin ich.

Auch das will er dem Betrachter durch dies Bild sagen: Ihr wollt nicht auf meine Stimme hören. Ich darf nicht sprechen. Ich darf nicht sagen, wie es mir geht. Ich darf nicht sagen, wie ich mir die Zukunft vorstelle. Ich darf nicht einmal mit euch frei kommunizieren. Ich werde auf ein stummes Passphoto reduziert. Einen israelischen Pass habe ich, aber welchen Wert hat er? Es zerreißt mich. Ihr zerreißt mich. Die Menschenwürde, meine Würde wird mit Füßen getreten.

Wer bin ich? Einen stumm gewordenen Mensch habt ihr aus mir gemacht, zerrissen im politischen Poker des Landes. Laßt es endlich zu, daß ich spreche. Hört mir zu. Wie kann friedliches Zusammenleben möglich sein, wenn mir der Mund wie einem gekidnappten Menschen zugeklebt wird?

Welche Möglichkeiten hat Halak noch, sich in seiner Kunst bemerkbar zu machen, wenn ihm das Wort verwehrt wird und er zum Schweigen gebracht wird? Er sagt, er malt nur das, was allen vor Augen ist. Er malt die Menschen und Landschaften, als ob er eine Kamera in der Hand hat. Er bringt jedoch seine Künstleridentität so zur Geltung, daß er immer beides zugleich andeu-

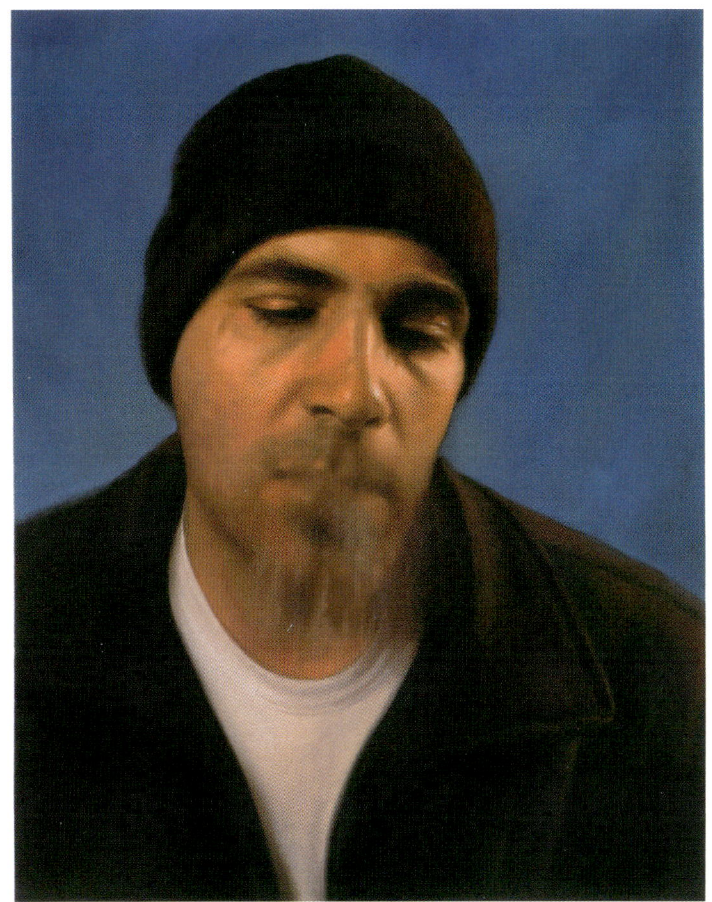

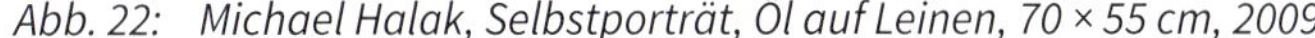

Abb. 22: Michael Halak, Selbstporträt, Öl auf Leinen, 70 × 55 cm, 2009.

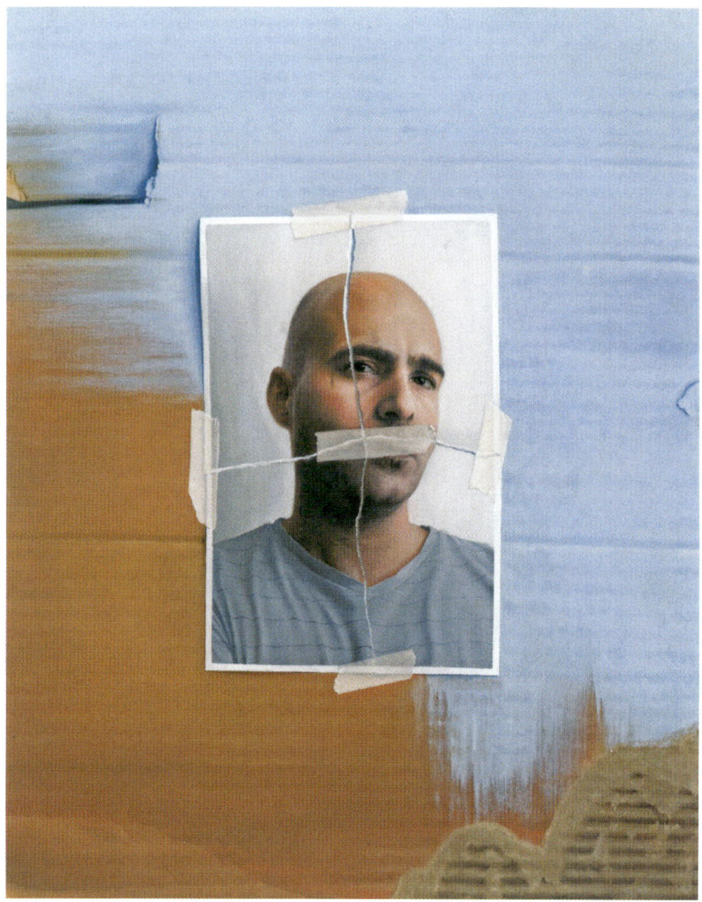

Abb. 23: Michael Halak, Selbstporträt, Öl auf Sperrholz, 60 × 50 cm, 2011.

tet, das Sichtbare und das Unsichtbare. Er identifiziert sich mit den Gestalten und Gesichtern und hebt zugleich die Identifikation auf. Er gehört zu den Menschen, die er malt, aber zugleich besteht eine Wand, eine Trennung zum Gemalten. Er ist Palästinenser und zugleich Nichtpalästinenser, Araber und zugleich Nichtaraber, Israeli und Nichtisraeli, wie E. Ginton im genannten Katalog S. VIII sagt. Wird man aber mit E. Ginton sagen können, daß seine Identität auch davon geprägt ist, daß er zugleich Christ und Nichtchrist ist? Ich meine, daß das folgende Bild dagegenspricht.

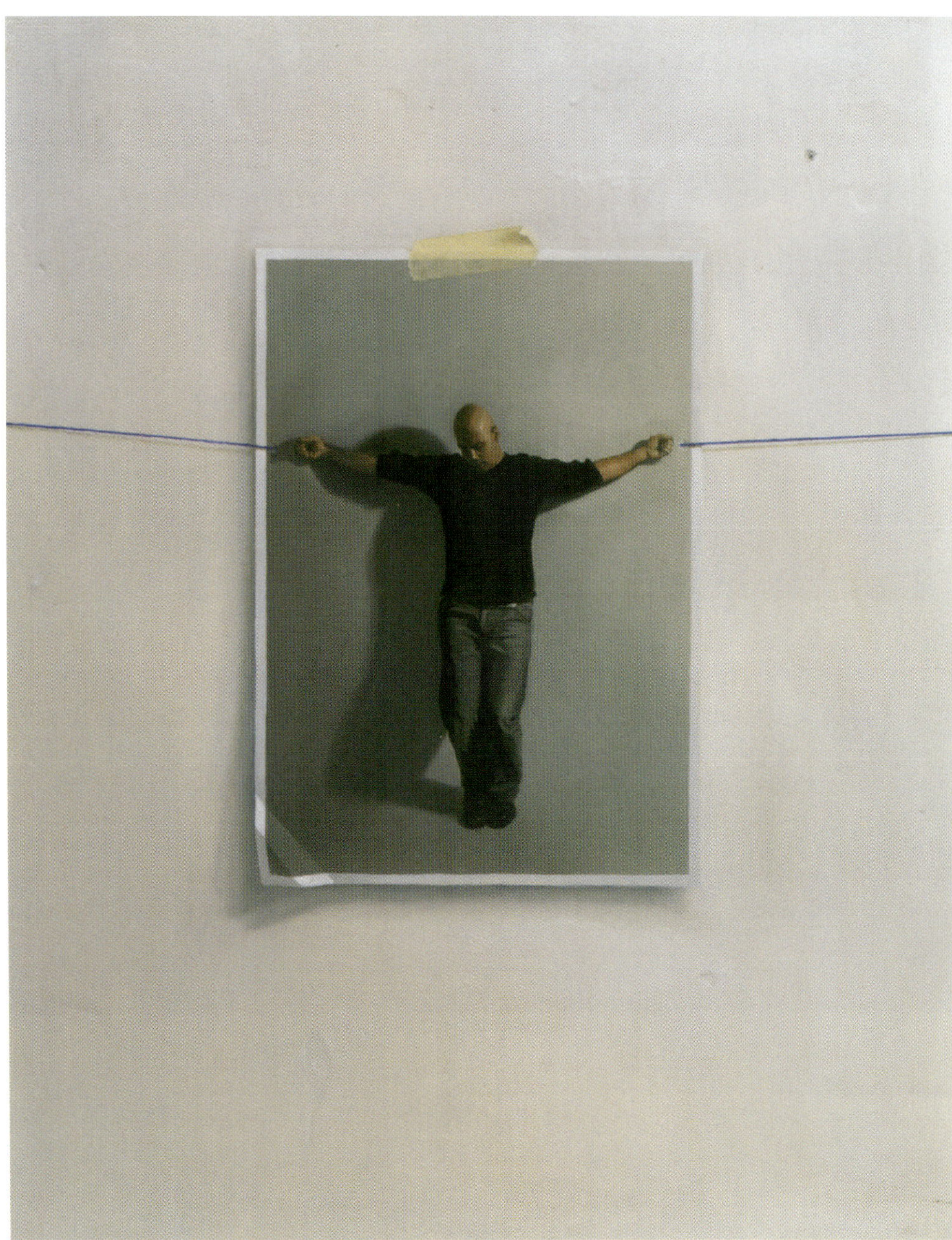

Abb. 24: Michael Halak, Ohne Titel, Öl auf Sperrholz, 60 × 50 cm, 2011.

Ohne Titel, 2011 (Abb. 24)
Wieder ist auf eine graue Wand eine „Photographie" geklebt. Aber das Bild ist nicht zerrissen. Im Gegenteil, die Person als ganze (!) wird präzise und detailgetreu gemalt. Sie wirft einen Schatten. Die Schattenform unterstreicht das Thema: Kreuzigung. Der Maler identifiziert sich mit dem gekreuzigten Christus. Die Arme sind ausgestreckt als wären sie an ein Kreuz genagelt. Die Beine sind leicht angewinkelt, wie auf Kreuzigungsdarstellungen Jesu üblich. Der Kopf neigt sich wie bei einem Sterbenden nach vorne. Reißen die beiden Verlängerungslinien zur Rechten und zur Linken den Menschen auseinander? Nein, sie unterstreichen die grundlegende Bedeutung des Vorganges, nicht nur für den Maler selbst, sondern für alle, die sich in gleicher Situation befinden. Halak fühlt sich gekreuzigt, aber die Identifizierung mit dem gekreuzigten Christus spaltet ihn nicht, sondern scheint ihn zu heilen.

Nun erfahren wir die dritte Antwort auf die Frage, welche Identitäten in seinen Werken sichtbar werden. Es ist offenbar ein unendlich schwerer, die Tiefen der Existenz berührender Vorgang, die multiplen Identitäten zu integrieren. Gelegentlich scheint er daran zu zerbrechen. Doch auf diesem Bild wird deutlich, daß es einen Halt gibt, der christliche Glaube. So schwach, so sterbensschwach er erscheint, Sein und Existenz werden in Christus eins. So lautet dann die Botschaft: Nehmt mich in diesem Land als Christ wahr, gerade auch in meiner Alltagskleidung, die sich in nichts von der Euren unterscheidet.

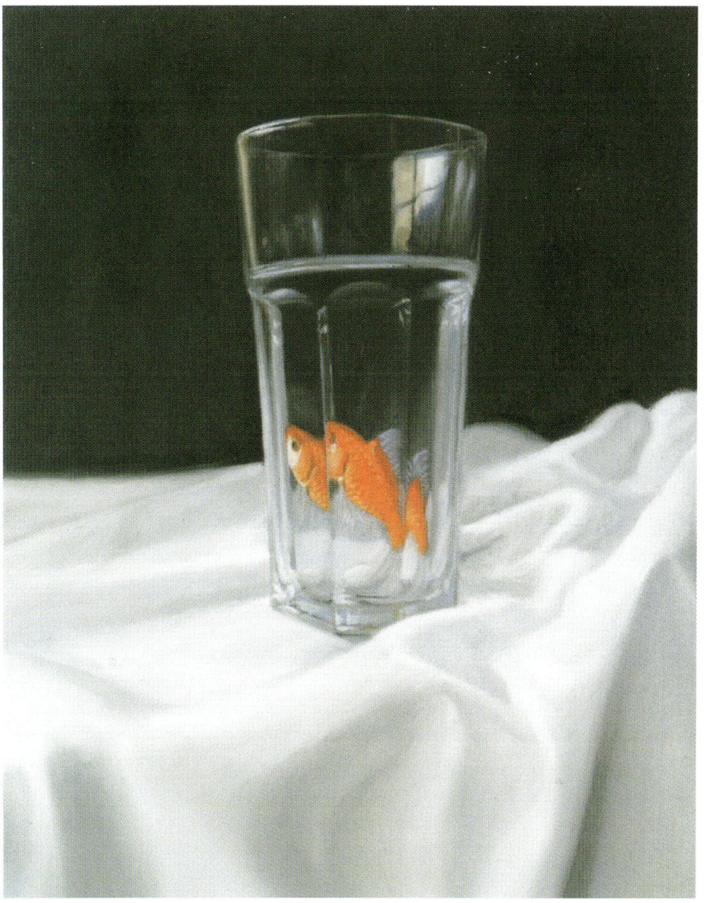

Abb. 25: Michael Halak, Ohne Titel. Öl auf Leinwand, 40 × 30 cm, 2009.

Ohne Titel, 2009 (Abb. 25)
Das Bild scheint ganz aus dem Rahmen zu fallen. Vor dunklem Hintergrund auf einer zufällig drapierten Tischdecke steht ein zu drei Vierteln gefülltes Wasserglas mit einem Goldfisch. Auch wenn die diffizile Spiegelung eines Fensters im Glas und die sorgfältige Brechung der Goldfarbe des Fisches an die holländische Genremalerei im 17. Jahrhundert erinnert, das Bild spricht eine andere Sprache als die „nature morte", die tote, wenn auch schöne Natur der Stilleben jener Zeit. Es ist kein edles, mundgeblasenes Glas, sondern Industrieglas, ein Trinkglas, in dem das Gold des Fisches aufleuchtet.

Vor Jahren bekam ich von einer chinesischen Künstlerin zwei mit dem Messer geschnittene „Scherenschnitte". Das eine stellte einen Bach dar, in dem sich Fische tummeln. Das andere zeigte einen Vogelkäfig mit Vögeln, wie sie vor chinesischen Häusern oft zu finden sind. Zwei hübsche Genrebilder chinesischen Alltagslebens. Unschuldig, keinen Anstoß erregend, nur Freude vermittelnd. Doch dann öffnete mir die Künstlerin, Fan Pu, die Augen für den verborgenen Hintergrund, für die eigentliche, die versteckte Botschaft der Bilder. „Die Fische im fließenden Bach, das sind die Untergrundkirchen. Sie sind lebendig und frei und leben von dem frischen Wasser des Evangeliums, Tag für Tag. Die Vögel im Käfig – auch sie leben, aber eingeengt und gefangen. Das sind die Kirchen, die vom Staat offiziell anerkannt und erlaubt sind. Sie leben in den sie beengenden Vorschriften des Staates. Sie sind nicht frei. In einer von Repressionen geprägten Gesellschaft ist jede öffentliche Kritik gefährlich." Doch die Künstlerin weiß einen unbedenklichen Weg zu finden, um das zu vermitteln, was über die wahre Situation der Kirchen zu sagen ist.[14]

An diese Bilder erinnert mich Halaks Bild mit dem Goldfisch. Der Fisch lebt, aber Goldfische brauchen sehr viel Platz. In einem Wasserglas verkümmern sie, auch wenn sie überleben. Noch leuchten die Farben, noch wirkt der Fisch lebendig, aber wie lange noch?

Halak malt mit sehr feinem Pinsel. Jede Einzelheit ist wichtig: Das schimmernde Gold, die Brechungen des Industrieglases, das von verschiedenen Seiten hereinströmende Licht, der schwarze Hintergrund und der weiße, das Glas tragende Untergrund der Tischdecke.

Ist das nicht alles ein genaues Abbild der Situation der christlichen Gemeinde, in der Halak aufgewachsen ist? Fische gehören zum ältesten Bestand christlicher Ikonographie. Die Kirche hat das Kostbarste in ihrer Mitte, Christus, das Gold des Evangeliums. Für die orthodoxe Kirche müßte man hinzufügen: den Goldschimmer ihrer Ikonen und der prachtvollen Liturgien. Aber die Christen leben in einem Land, in dem den Bahai-Gemeinden mehr Öffentlichkeit und Lebensraum gegeben wird als den arabisch sprechenden christlichen Kirchen. Geht es den jüdisch-christlichen Gemeinden, den messianischen Gemeinden, in Israel nicht ähnlich?

Ich bin nicht sicher, ob Halak an sie denkt. Der Schatz seines Glaubens und die Begrenztheit, ihn in der Öffentlichkeit in muslimischer und jüdischer Umgebung frei zu leben und zu entfalten, das wird eindrücklich im Bild festgehalten.

Bilder sind mehrdimensional. Der Betrachter soll seine eigene Interpretation finden. Deshalb ist nicht ausgeschlossen, daß man auch Halaks Existenz als Künstler, seine so schwer zu findende und zu lebende multiple Identität in diesem Bild entdeckt. Sollte das Land es nicht als einen kostbaren Fundus schätzen, Menschen in der Gesellschaft zu haben, die die christliche, die arabische und jüdische Kultur in ihrem Leben zu integrieren und zu leben suchen? Sollten sie nicht gefördert werden, statt sie in Frage zu stellen und ihren Lebensraum zu begrenzen?

Halaks Kunst ist nicht aggressiv. Sie sagt still und unaufdringlich, was zu sagen ist. In Worten Peter Handkes: „Sie schreibt nicht vor, sie befiehlt nicht, sie gibt nur Beispiele, aber strenge" (Die Geschichte des Bleistifts).

[14] Vgl. dazu T. Sundermeier, Christliche Kunst weltweit, Frankfurt a. M. 2007, 128.

4.2 Abed Abdi

Kunst scheint über die „Stammesgrenzen“ hinweg Menschen zu verbinden und Solidarität zwischen Israelis und Palästinensern zu ermöglichen. Barenboim ist einer der bekanntesten Initiatoren solcher die Menschen verbindenden künstlerischen Unternehmungen. Abed Abdi, geb. 1942 in Haifa, gehört zu den wenigen palästinensischen Künstlern, die den Brückenschlag zu israelischen Freunden schafften, jedoch auf anderer Ebene als Barenboim. 1943 flüchtete seine Mutter mit ihren Kindern in den Libanon und lebte drei Jahre in verschiedenen Flüchtlingslagern. Da sein Vater in Haifa zurückgeblieben war, konnte die Familie aufgrund eines Programms der UNO zur Familienzusammenführung nach Haifa zurückkehren. In seiner Jugend schloß sich Abdi der „Communist Youth Alliance“ in Haifa an. Er übernahm in seinen ersten Zeichenübungen den in seiner Umgebung seinerzeit üblichen Stil des „Social Realism“. 1964 ermöglichte der in Haifa ansässige Zweig der „Israeli Communist Party“ ihm ein Kunststudium in Dresden in Ostdeutschland. Hier wurde er mit dem Expressionismus der Brückemaler bekannt. Kaum jemandes Werk hatte solch starken Einfluß auf ihn wie das von Käthe Kollwitz. In vielen seiner Werke ist das zu spüren, inhaltlich wie handwerklich. Thema seiner Drucke und Zeichnungen ist vielfach die untere soziale Schicht der Menschen, ihre Unterdrückung, ihre Ausbeutung, ihr Dasein als Flüchtlinge. Schwarzweiß wird dabei das bevorzugte Medium, um der Trauer, der Not und dem Leid Ausdruck zu geben.

Seine eigentliche Lehrerin in Dresden aber war Lea Grundig, eine Jüdin, die in der DDR aufgrund ihrer Protestarbeiten gegen den Faschismus und Nationalismus einen gewissen Bekanntheitsgrad besaß.

1971 kehrte Abdi nach Haifa zurück. Er arbeitete als Kunstlehrer in Kafir Yasif und als Dozent am „Arab College of Education“ in Haifa. Verschiedene Preise und Ausstellungen zeigen, welche Anerkennung er inzwischen genoß.

Man hat gelegentlich drei Phasen im Werk von Abdi unterschieden. Der „Sozialistische Realismus“ wurde von einer Phase des Symbolismus abgelöst, während im Spätwerk eher Experimentierfreude vorherrscht und der Versuch, durch neue Techniken sich den Problemen der Gegenwart neu zu stellen.[15]

Nun sind solche Einteilungen immer nur ein erster Versuch, eine Ordnung zur besseren Übersicht über das Werk zu erstellen.

Wie grobrastrig diese Einteilung ist, wird daran deutlich, daß zur Überraschung mancher Betrachter auch im frühen Werk des doch dem Kommunismus so nahestehenden Künstlers Hinweise auf Christus zu finden sind: Er wird gekreuzigt inmitten von Menschen – als einer der Ihren. Sein Gesicht ist alt wie das derer, die trauern: „Er stirbt unsern Tod“, scheint die Botschaft der Radierung zu sein.

Waiting, 1981 (Abb. 26)
Es ist der Vergleich mit jener Radierung, der uns das Recht gibt, in dem im Vordergrund des Bildes sitzenden Mann mit einem von Trauer und Leid gezeichneten Gesicht Christus zu erkennen. So müde er zu sein scheint, müde vom Warten, seine Augen sind und schauen den Betrachter aufmerksam an. „Waiting“ ist der Titel der Tuschezeichnung. Man muß nicht einmal fragen, auf wen er wartet. Er wartet auf den Betrachter, daß er sich aufrafft und mit den Menschen gegen die verschlossenen Tore angeht, damit sie sich öffnen und den Menschen das Land, ihr Land, wieder offen steht. Eine Frau aus der Gruppe scheint sich dem Mann mit dem vom Leid durchfurchten Gesicht zuzuwenden und zu rufen: Bleib nicht nur wartend dort sitzen, sondern steh auf und hilf uns. Die Kinder im Vordergrund schauen vertrauensvoll hin zu ihm. Hat er nicht gesagt: „Lasset die Kinder zu mir kommen“? Die Zukunft ist auf

15 So Samih Al Quasim, Katalog: Abed Abdi, 50 Years of Creativity, 2010, S. 186.

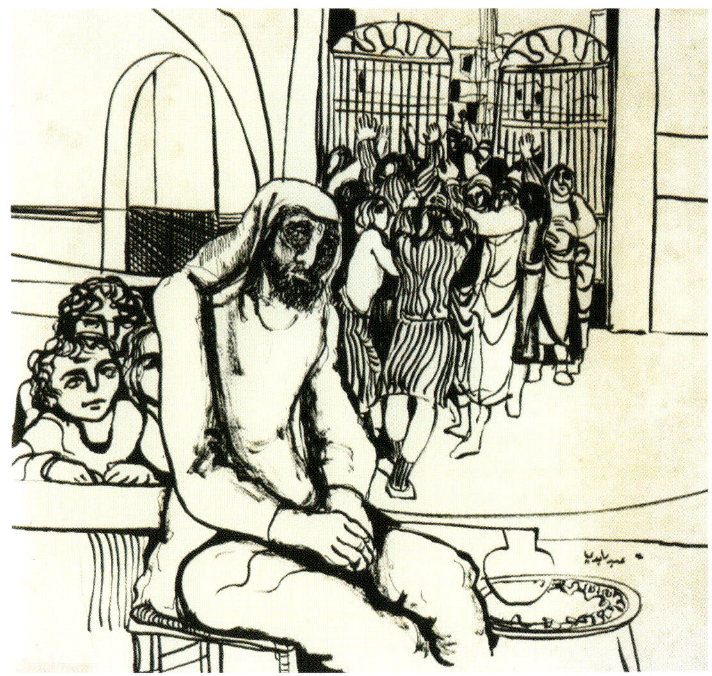

Abb. 26: Abed Abdi, Waiting, Tuschezeichnung, 38 × 28 cm, 1981.

ihrer Seite. Der auf das kommende Reich der Freiheit wartende Christus ist der Garant dafür.

Die symbolgeladene Tuschezeichnung „Solidarität" (Abb. 29) ist das Thema vieler seiner Zeichnungen und Radierungen. Sie hat einen aktuellen Hintergrund. Am 30. Mai 1976 enteignete die israelische Regierung 5 000 Morgen Land in Sakhnin, um, wie es hieß, „to Judaizing the Galilee". Der von den Palästinensern und der Kommunistischen Partei in Sakhnin und anderen Orten organisierte Protest endete blutig: Viele wurden verwundet, sechs Menschen getötet. Abdi wurde gebeten, ein Monument zur Erinnerung an diesen Tag zu entwerfen. Zusammen mit seinem Freund Gershom Knispel, einem in Deutschland geborenen, später in Brasilien lebenden Juden, entwarf er das Monument. Auf den Seiten eines „Sarkophags" wird die Arbeit von Frauen auf dem Feld in den Stein gemeißelt und ihre Trauer und ihr Weinen über den Tod der Söhne und das verlorene Land. 1978 wurde es eingeweiht. Jährlich wird der Tag der Erinnerung gefeiert unter dem Motto: Rettet „what is left". Später veränderte Abdi auf einem neuen Poster den Text, offenbar auch eine Erinnerung an die Jahre im Deutschland der Reformation – „Here We Stay". Die Worte erinnern an Luthers berühmte Aussage vor dem Kaiser: „Hier stehe ich, ich kann nicht anders …". Abdis Worte signalisieren Widerstand, was dadurch unterstrichen wird, daß der Stacheldrahtzaun niedergedrückt wird.

„Land Day Monument" in Sakhnin/Galiläa, 1977 (Abb. 27)
Der Text rechts unten auf dem Denkmal (Sarkophag) lautet (in englisch, arabisch, hebräisch) „Designed … to deepen understanding between two people".

„Here we stay", 1980 (Abb. 28)
Hinter dem Mann steht eine Frau, umgeben von ihren Kindern, vor den Ruinen ihres Hauses. Sie ist die eigentliche Trägerin des Widerstandes und macht auf das Leid aufmerksam, den der Tag über die Familien gebracht hat, an den das Denkmal erinnert, das zugleich zur Versöhnung aufruft.

Solidarität, 1975 (Abb. 29)
Wieder ist es eine Frau, die zum Symbol der Solidarität wird, nicht ein Mann. Das ist bemerkenswert in einem von Männern dominierten Umfeld. Eva empfängt in der Schöpfungsgeschichte ihren Namen „Mutter aller Lebendigen" (Gen 1,20). In der frühen Kirche nahm Maria diesen Platz ein. Viele palästinensische Künstler sehen in jeder Frau Eva, denn sie ist Garantin des Lebens, mögen auch ihre Söhne im Widerstand sterben.

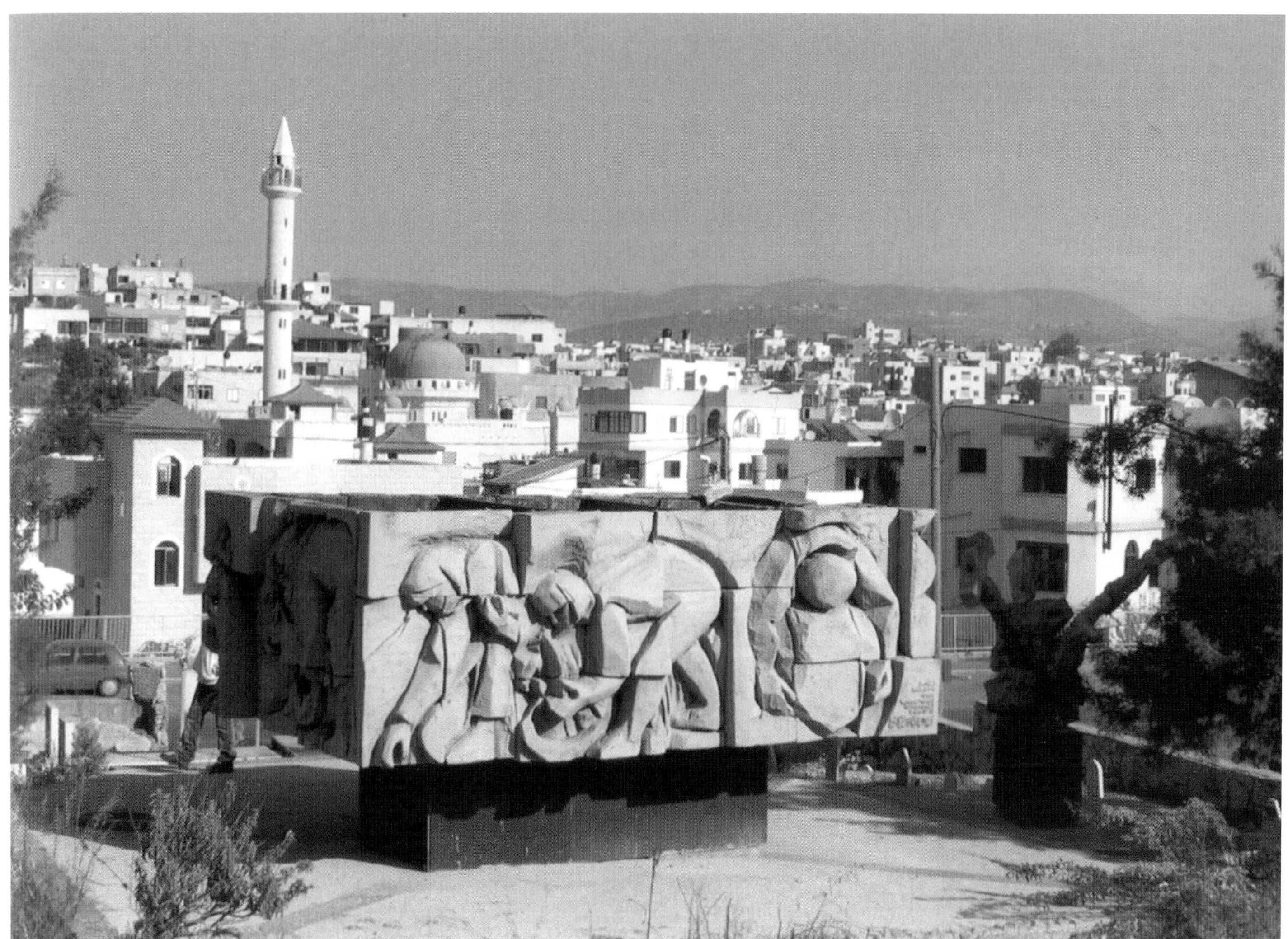

Abb. 27: Abed Abdi, Gershom Knispel, „Land Day Monument“ in Sakhnin/Galiläa, 1977.

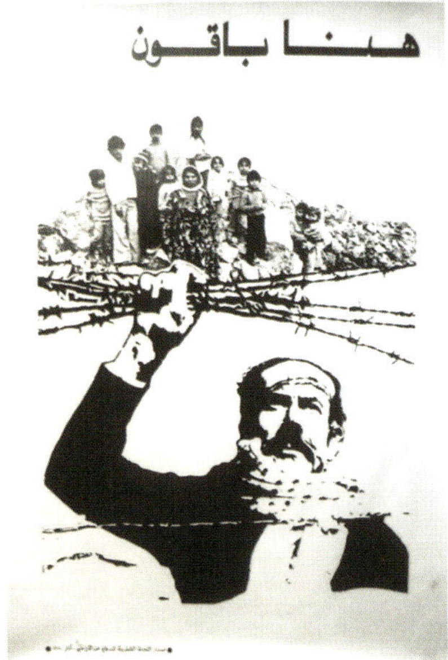

Abb. 28: Abed Abdi, „Here we stay“, Poster, 1980.

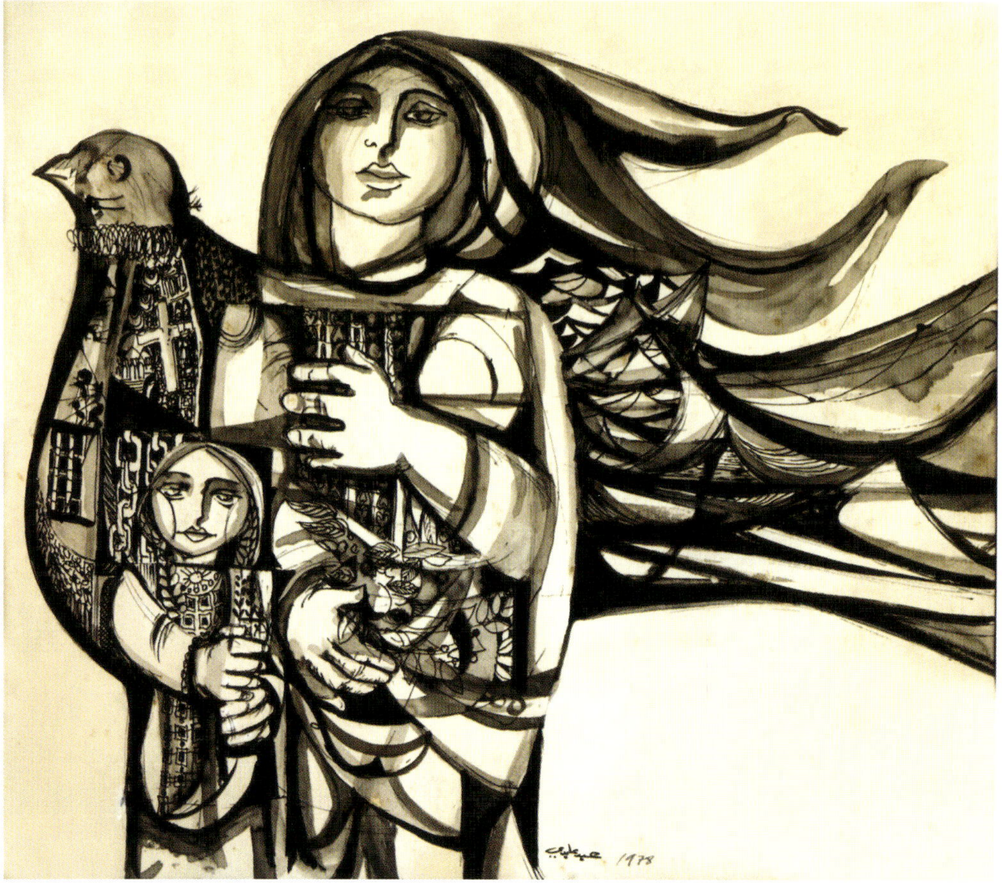

Abb. 29: Abed Abdi, Solidarität, Tuschezeichnung, 42 × 37 cm, 1975.

Ein Kind an der Seite der Frau steht für die Hoffnung, daß das Leben weitergehen wird. Beide, Mutter und Tochter, halten Früchte des Landes und Blumen des Feldes fest in ihren Händen. Die Kette der Unterdrückung wird neben dem Kind sichtbar und das Kreuz des Leides auf einem Sarg. Noch gehören Leid und Unterdrückung nicht der Vergangenheit an. Der Vogel der Freiheit trägt ein Drahtgeflecht um den Hals. Seit Noahs Zeiten ist die Taube Zeichen des Friedens. Ihre Schwanzfedern vermengen sich mit den im Winde wehenden Haaren der Frau. Der Sturm der Veränderung beginnt zu wehen. Es liegt keine Begeisterung in den Augen der Frau. Sie schauen fast ein wenig entrückt. Ihr Blick drückt Verstehen und Solidarität aus.

Das folgende Bild fand ich im Atelier Abdis. Es trägt keinen Titel und war auch nicht gerahmt. Ich nenne es nach einem Gespräch mit Abdi traditionell „Schweißtuch der Veronika".

„Schweißtuch der Veronika", o. J. (Abb. 30)
Das Bild ist mehr als ein beiläufig entstandenes Kunstwerk. Es zitiert die klassische Ikonographie des Schweißtuchs der Veronika, aber gibt ihr zugleich mit wenigen einfachen Strichen eine kaum zu überbietende Aktualität. Es sind Frauen, die in einem Lager hinter Stacheldraht eingeengt leben. Sie hängen das Bild des leidenden Christus vor die Stacheln des Zaunes und zeigen es allen, die vorübergehen. Das ist keine aggressive Demonstration. Die Frau links im Bild schaut eher nachdenklich, demütig nach unten, allein das Auge der Frau rechts schaut offen ihr Gegenüber an. Während das Bild als Ganzes in Schwarzweiß mit blassen gelben Konturen gestaltet ist, fällt das Bild Jesu durch seine Farbigkeit auf. Es soll auffallen. „Kommt ihr Töchter, helft mir klagen", singt der Chor zu Beginn der Matthäuspassion von J. S. Bach. Die Frauen Jerusalems sollen über das Leiden Jesu ihr Klagelied anstimmen. Hier ist es umgekehrt, das Jesusbild soll darauf aufmerksam machen, nicht was Jesus, sondern was sie, die Frauen Jerusalems und Palästinas, leiden.

Als die Amerikaner am Ende des 2. Weltkrieges in unser Dorf in Bünde/Westf. einzogen, sollten wir alle ein weißes Tuch aus dem Straßenfenster hängen als Zeichen dafür, daß wir Frieden wollen und von unserm Haus keine Gefahr ausgehen wird.

Es scheint mir, daß die Frauen auch solch ein Friedenszeichen vor dem Stacheldraht zeigen: Wir wollen Frieden und keinen Krieg. Von uns geht keine Bedrohung aus. Wird die andere Seite diese Botschaft verstehen?

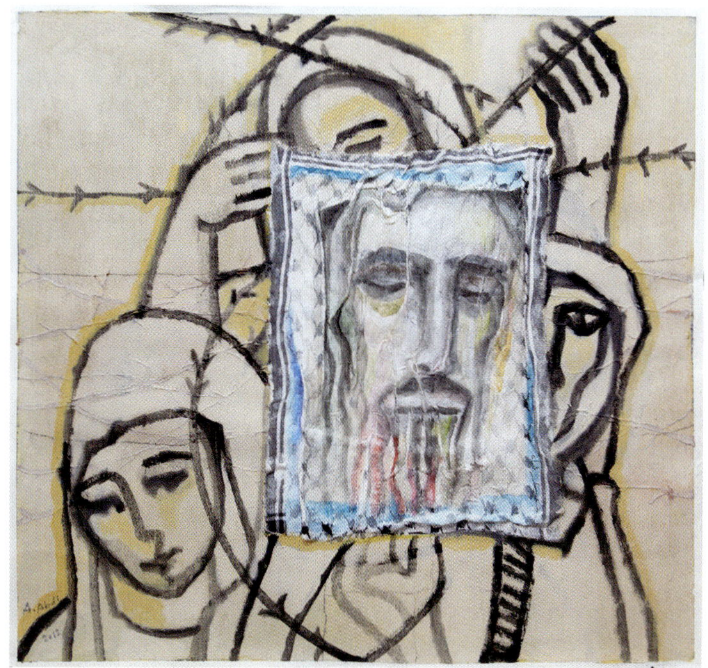

Abb. 30: Abed Abdi, „Schweißtuch der Veronika", o. J., ohne Angaben.

Das Bild drückt stille Verzweiflung aus, die sich aber in ein Gebet zu kleiden scheint. Die Farben des Jesusbildes lassen Hoffnung aufkommen. Gewiß, Blut ist zu sehen, aber der blaue, ikonographisch ungewöhnliche Rahmen zeigt, daß es noch andere Kräfte als die der Zerstörung gibt. Das Blau spricht von der himmlischen Kraft, die Jesus auferweckt hat. Wird sie auch die Frauen aus der Gefangenschaft herausführen?

4.3 Ahmad Canaan

Ahmad Canaan ist 1965 in Tamra in Galiläa geboren, wo er nach seinem Studium an der „BeZalil Academy of Arts and Design“ in Jerusalem (1985–1989) auch heute lebt. Er hatte als anerkannter Künstler die Chance, seinen Heimatort mit vielen öffentlichen Skulpturen und Projekten auszustatten. Seine Galerie ist in einem Freizeitpark mit Schwimmbad, Sportplatz und -halle der Gemeinde eingerichtet, so daß er dort auch Schüler und Schülerinnen unterrichten kann. Sein Werk ist ungemein vielseitig: Gemälde und vor allem Skulpturen in vielfältigsten Formen und Materialien. Wie kaum ein anderer palästinensischer Künstler wurde er zu Einzelausstellungen eingeladen.

Während Abdi Christ ist und Christ geblieben ist, ist Canaan Muslim. Ich nehme ihn wie andere Künstler, deren religiöse Zugehörigkeit ich nicht kenne, hier auf, nicht nur weil er vorurteilsfrei und intensiv mit christlichen Künstlern zusammenarbeitet, sondern weil sein Werk etwas vermittelt, was ich bei christlichen Künstlern seltener entdeckte: Hoffnung. Zugleich versucht er in seiner Kunst den garstigen Graben zwischen dem israelischen und dem palästinensischen Anspruch auf das Land zu überwinden, indem er an jene Zeit erinnert, die beiden vorangeht und die in seinem Namen festgehalten wird, das Land Canaan, ein „Heimatland, das zum Vergessen und zur Erinnerung taugt“, wie es in einem Gedicht von Mahmoud Darwisch heißt, dessen Gedichte auf Canaan großen Einfluß haben. In dem Bild Jerusalem (s. u. S. 93) nimmt diese Erinnerung, nimmt der Zeitsprung Gestalt an.

Knight of Dreams, 2006 (Abb. 31)
Vor blauem farblich getupften Himmel und vor einem in warmen Erdton gehaltenen Boden, der nach oben gelb sich aufhellt, gleichsam reife Ähren dem Himmel entgegenstreckend, stehen vier Frauen mit Schalen in den Händen, die mit roten Früchten (Granatäpfeln?) gefüllt sind. Sie sind traditionell wie zum Empfang eines vornehmen Gastes gekleidet und tragen lange, bis auf die Füße reichende Kleider. Die erste Frau trägt ein weißes Kopftuch, die beiden letzten lange braune Seidentücher. Die zweite, blaugrün gekleidete Frau allerdings gibt sich mit ihrer Frisur moderner. Die Frauen treten heraus aus den „Falten der Zeit“, wie M. Marwisch einmal das Zeitgefühl seiner Kunst nennt. Was wie ein Traum erscheint, ist reale Hoffnung auf die Zukunft.

Das Bild erinnert an Jesu Gleichnis von den fünf klugen Jungfrauen (Mt 25,4–7). Dort erwarten sie den Bräutigam und tragen Lampen, da es Nacht werden kann, bis er kommt. Für diese Frauen ist es heller, lichter Tag. Sie erwarten den Retter auf weißem Pferd. Das hat nichts Kriegerisches an sich, sondern erinnert durchaus an Texte der Offenbarung des Johannes (Offb 6,2 und 19,11), nach der die Zukunft so eröffnet wird, daß ein weißes Pferd erscheint, dessen Reiter „Treu und Wahrhaftig“ heißt.

Die Gestalt des Reiters hat für Canaan messianische Obertöne, wie er mir selbst versicherte, auch wenn er letztendlich die konkrete Gestalt des Saladin (Salah a-Din) vor Augen hat, der Jerusalem von den Kreuzrittern eroberte. In der abendländischen Literatur (Lessing) wird er, der eigentlich ein Kurde war, als der weise, tolerante arabische Held mystifiziert.

Dem schließt sich Canaan an, denn der Ritter wird zu einer Symbolfigur, die sein Werk so durchzieht, daß eine ganze Ausstellung dem Thema gewidmet werden konnte: „The Knight“. Ritter, immer in der gleichen Gestalt, füllen seine Bilder als Rahmen, als Farbtupfer, als Sinnträger. Die Gestalt des Ritters wird kollektiviert: Die eisernen Skulpturen des Saladin gestaltet er aus unendlich vielen kleinen Rittern.

In dem folgenden Bild „Ein Flüchtling“ bilden sie den Rahmen.

Flüchtling, 2006 (Abb. 32)
Ritter umgeben den Flüchtling von allen Seiten, im Himmel, auf der Erde und unter der Erde. Wohin der einsame Flüchtling auch

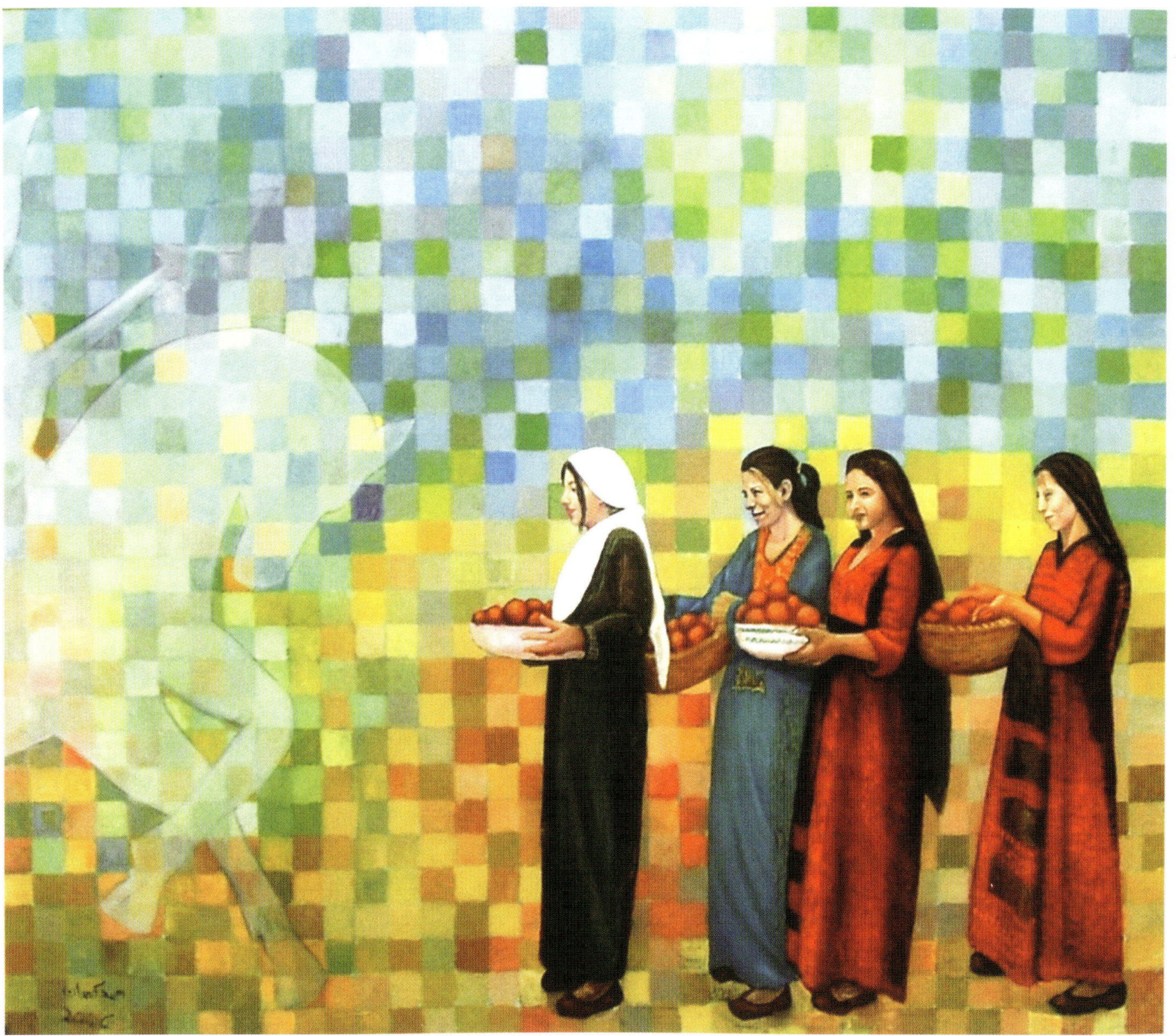

Abb. 31: Ahmad Canaan, Knight of Dreams, Öl auf Leinwand, 180 × 150 cm, 2006.

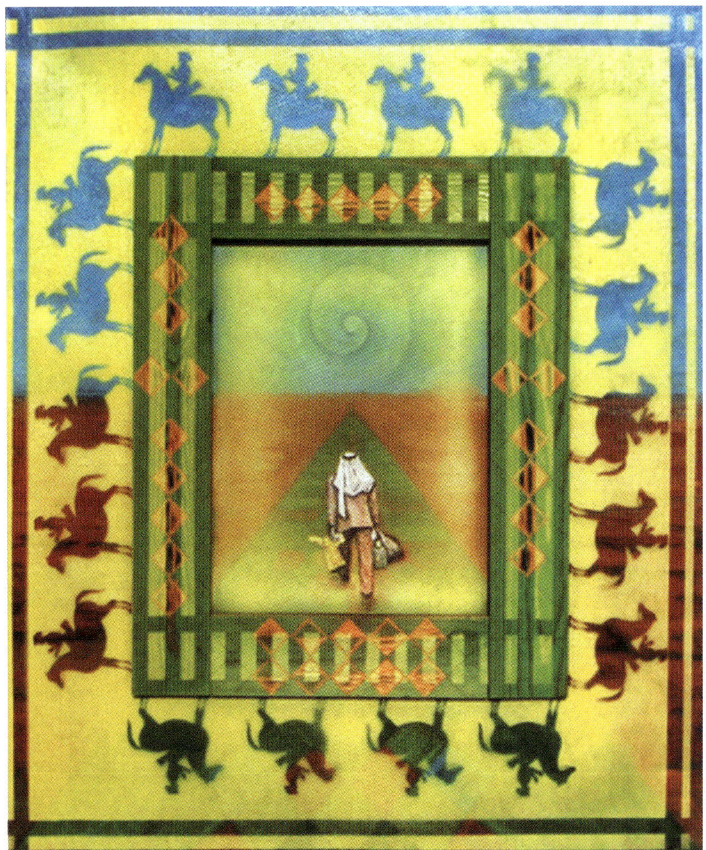

Abb. 32: Ahmad Canaan, Flüchtling, Öl auf Leinwand und Holz, 97 × 98 cm, 2006.

geht, der nur eine Wasserkanne zur Linken und zwei Taschen mit dem nötigsten Proviant in der rechten Hand mitnehmen konnte, die Ritter sind um ihn, beinah wie Engel.

Trotz der sich ausbreitenden Verlorenheit widersteht das Bild der Hoffnungslosigkeit. Das wird durch die Spirale, die am Himmel sich zeigt, unterstrichen. Sie deutet das Leben in doppelter Weise: Einkehr zu sich selbst. Das kann zur Verschlossenheit führen, zur incurvatio in se ipsum, wie die Reformatoren sagten, zur Verkrümmung des Ichs in sich selbst oder aber zur erneuten Hinkehr zum Leben und zur Entfaltung aller Gaben und Lebensmöglichkeiten. Die Reiter, die hier keine Lanze tragen, deuten die Kraft an, daß auch die Flucht, der Auszug die Chance zum Neuanfang und neuen Aufbruch in sich birgt.

David und Goliath, 2004 (Abb. 33)

Aus vielen Menschen zusammengesetzt ist diese Skulptur „David und Goliath". Das für mich Faszinierende an dieser durch Rost dem Verfall ausgesetzten Figur ist die Unbestimmtheit in dem, was sie darstellt. David und Goliath werden zu einem Symbol verschmolzen. Doch wer ist in dieser Figur David und wer ist Goliath? Vordergründig gesehen ist die übermächtige, auf zwei festen Beinen stehende Person Goliath. Aber wo ist David? Ist er der Kopf oder der ausgestreckte Arm? Das kann wohl kaum sein. Oder ist es umgekehrt: Hat David schon Goliath besiegt und tanzt nun – und mit ihm das ganze Volk – auf ihm herum? Mit wem würde sich Ahmad Canaan identifizieren? Mit David, dem Israeliten? Oder mit Goliath, dem starken Philister/Canaanäer, der doch trotz seiner Größe und Stärke unterliegt? Sind die Palästinenser die Unterlegenen und werden die Israelis die Sieger sein? Oder ist es umgekehrt, daß Goliath, der Verlierer, der Sieger sein wird, der die Feinde (oder sind es die eigenen Leute?) am ausgestreckten Arm so hält, daß sie, die mit ihren Armen nach außen zeigen, in das weite Feld der Aktionen oder des Widerstandes gewiesen werden? Oder verschmelzen beide zu einer Figur: Nur gemeinsam sind wir stark. Die Skulptur gibt keine Antwort.

Wir stehen hier vor dem Scheideweg in der Interpretation, „at the crossroads of meaning", wie es in dem Gedicht „Nothing But Light" von M. Darwisch heißt. Jeder muß aus seiner Perspektive und in seinem Kontext eine Antwort finden, wie unterschiedlich, ja widersprüchlich sie auch ausfallen mag. Jeder muß, wie es in

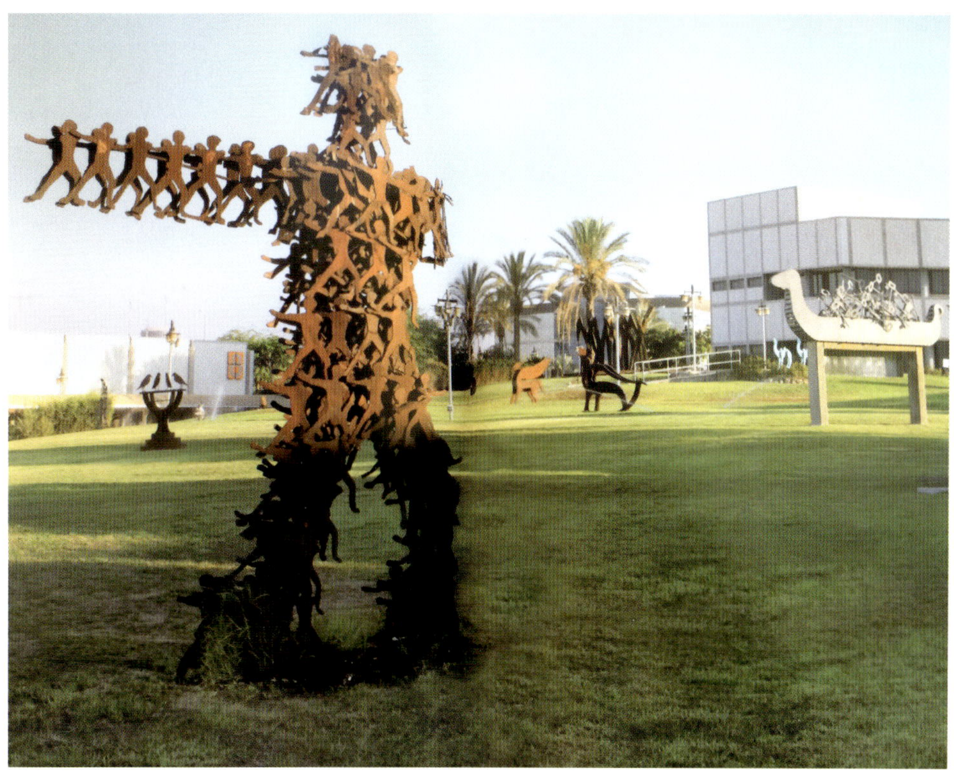

Abb. 33: Ahmad Canaan, David und Goliath, Eisen, 300 × 230 × 150 cm, 2004.

dem Gedicht heißt, einen Standpunkt finden, indem er „zwischen dem Reisenden und der Straße, zwischen dem Sänger und dem Gesang unterscheidet". („I need, to be certain, a difference between the traveler and the road, and difference between the singer and the song".) Jeder muß sich entscheiden, wo er sich befindet und wohin er gehört. Darüber sollte man sich dringend einigen, ob David und Goliath es sich noch leisten können, gegeneinander zu kämpfen. Sollten sie nicht lieber zu einer Einheit verschmelzen? Sollten nicht die Menschen, die zusammen diese große Gestalt bilden, Repräsentanten beider Völker, der Israelis und der Palästinenser, zusammenstehen, statt gegeneinander zu kämpfen? Wie stark wären sie, wenn sie zu einem Volk verschmelzen würden!

Wir saßen zusammen in einem Restaurant in Tamra, drei palästinensische Künstler, der eine ein baptistischer Christ, der andere gehört der orthodoxen Kirche an, ein Muslim und wir zwei Deutsche. Der Besitzer einer Galerie hatte uns eingeladen. Es war eine offene, lockere Runde. „Könnte es nicht ein Vorbild für unsere Gesellschaft sein, wie wir mit unserer unterschiedlichen Herkunft und Prägung so freundschaftlich zusammensitzen? Können unsere Völker wirklich nicht tolerant, offen und gleichberechtigt in einem Staat friedlich zusammen sein", fragte der orthodoxe Christ.

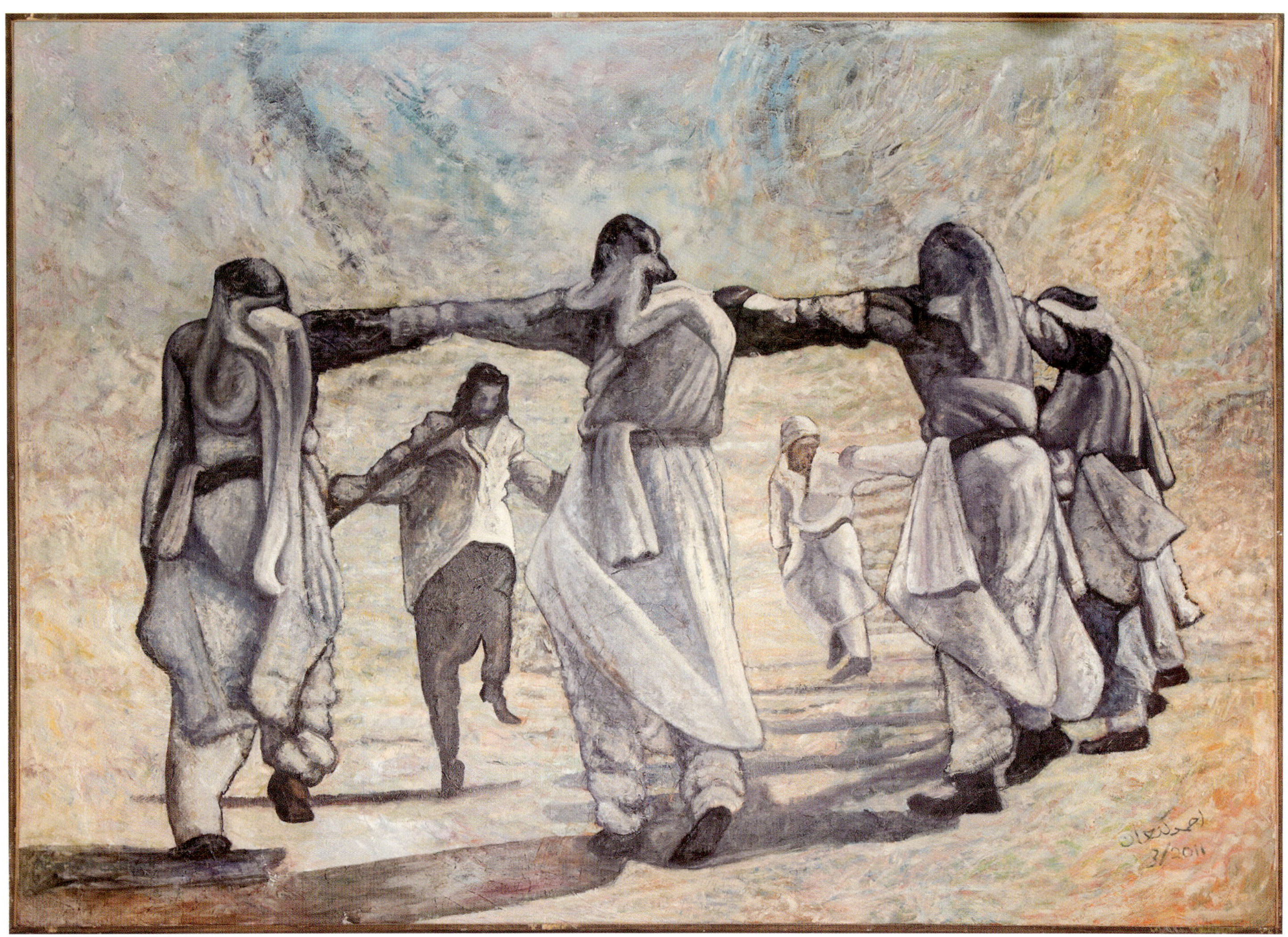

Abb. 34: Ahmad Canaan, Tanzende Männer, o. J.

Tanzende Männer (Abb. 34)

Das Bild tanzender Männer von Canaan zeigt jene Freude, die sich im gemeinsamen Tanz Ausdruck verleiht. Es sind tanzende Palästinenser, doch die beiden Tänzer im Hintergrund sind anders geprägt, der eine offenbar ein Jude, der andere vielleicht ein Europäer, der sich dem hiesigen Leben in seiner Kleidung angepaßt hat. Aber ich entdeckte noch mehr, als ich zusammen mit dem Künstler längere Zeit vor dem Bild saß und die Freude auf mich übersprang, die auf dem Bild bis in die Bewegung des Himmels hinein ausstrahlt. Der Kreis der Tanzenden ist nicht geschlossen. Was auf den ersten Blick wie ein gelungenes Strukturelement des Bildes aussieht und die bewegte Offenheit des Himmels und der Erde widerspiegelt und unterstreicht, enthält verschlüsselt noch einen anderen Sinn. „Ist der Kreis bewußt offen gestaltet? Wollten Sie damit andeuten, daß die Tanzenden andere einladen, sich ihnen anzuschließen und mitzutanzen?", fragte ich. Entschieden nickte A. Canaan. Ja, so meine er es.

Bei meinen Forschungen in Namibia hatte ich gelernt, daß Tanz bei den Buschleuten eine Weise des Gebetes ist. Wird nicht auch in den Psalmen wiederholt gesagt, daß Tanzen und Singen eine wichtige Weise der Danksagung und der Preisung Gottes ist? Das könnte auch hier gemeint sein. Das Blau des Himmels öffnet sich über den Tänzern.

5 Themen palästinensischer Kunst

Im folgenden greife ich zwei Motive aus der palästinensischen Kunst auf, die vielfach wiederkehren und für das Selbstverständnis palästinensischer Menschen wichtig und aufschlußreich sind. Dabei steht das Objekt, das gestaltete Thema, im Vordergrund, nicht der Künstler. Die Frage nach seiner Religion wird dabei unwichtig. In einer Ausstellung zu Olivenbäumen in Nazareth, aus der einige der folgenden Bilder stammen, sind die Namen der Künstler neben den Bildern und Skulpturen festgehalten. Weitere biographische Einzelheiten werden selbst in einem einführenden Informationsblatt nicht genannt und natürlich auch nicht, welcher Religion sie angehören. Es geht deshalb weniger um die Suche nach christlichen Motiven, sondern darum, das gemeinsame Umfeld ihres Schaffens zu verstehen, in dem die palästinensischen Künstler leben. Die oft wiederkehrenden Motive geben Auskunft darüber, was sie im Innersten bewegt, ohne daß es offen ausgesprochen wird. In dem jeweiligen Motiv spiegeln sich kollektive Hoffnungen, Sehnsüchte, Spannungen, Leiden, Transzendenzerfahrungen, die allen gemeinsam sind, denen sich aber jeder Künstler auf seine Weise stellt.

5.1 Symbole der Identität: Kaktus und Olivenbäume

Der Kaktus und der Olivenbaum sind die zentralen Motive, in denen sich die dem Leben so zugewandten, nun aber entwurzelten Palästinenser wiederfinden. Der Kaktus ist auch in der Kunst der frühen jüdischen Siedler ein oft wiederkehrendes Motiv. Für die Juden war er ein Kennzeichen des dürren Landes, das sie besiedeln und kultivieren wollten. Für die Palästinenser war er traditionell ein Zeichen für Grenzmarkierungen, der Besitzstände aufzeigte und ihre Begrenzungen. Er wurde zum wichtigen Symbol ihrer Existenz nach der Katastrophe von 1948. Wo ihre zerstörten Dörfer unsichtbar gemacht wurden, wuchsen bald die Feigenkakteen. Sie hielten die Erinnerung an ihr Heimatdorf fest. Der Kaktus wächst auch im dürren Land, speichert Wasser und trägt essbare, schmackhafte Früchte, die man jederzeit gern ißt und die das Überleben in extremen Situationen sichern.

Der früh an Krebs verstorbene Maler **'Asim Abu Shaqra** (1961–1990) hat wie kaum ein anderer dem *Kaktus* in seinem Werk einen zentralen Platz eingeräumt und ihn oft im Stil einer Ikone gemalt, schreibt K. Boullata. Damit trifft er das Geheimnis vieler seiner Bilder.

'Asim Abu Shaqra, **Kaktus**, 1989 (Abb. 35)
Hier jedoch leuchtet kein Gold auf, wie auf klassischen Ikonen, sondern die violette Trauer- und Bußfarbe bestimmt Rahmen und Hintergrund. Statt eines Heiligenbildes, das der Andacht dienen soll, erscheint wie vor einem Fenster ein Kaktus. Licht umrandet seine Gestalt wie ein Nimbus. Er wächst nicht in der freien Natur, sondern in einem Blumentopf. Das rettet ihn. Seine Natur ist so stark, daß er auch hier gedeiht, doch zur vollen Größe wird er sich nie entfalten können.

Der Kaktus nimmt fast die Gestalt eines Menschen an. Soll hier die Erinnerung an die Vergangenheit festgehalten werden, Erinnerung an das verlorene Land, Erinnerung daran, wie entwurzelt die Menschen sind, Erinnerung an sie, die trotz aller Entbehrungen in den Flüchtlingslagern dem Tod trotzen? Vielleicht will das Bild auch eine Ermutigung sein, die Hoffnung auf eine bessere Zukunft nicht aufzugeben. Im Arabischen assoziiert Kaktus „Geduld".

Daß im Bilder Shaqras religiöse Obertöne mitschwingen, zeigen zwei Zeichnungen aus seinem Skizzenbuch aus den Jahren 1985–1986.

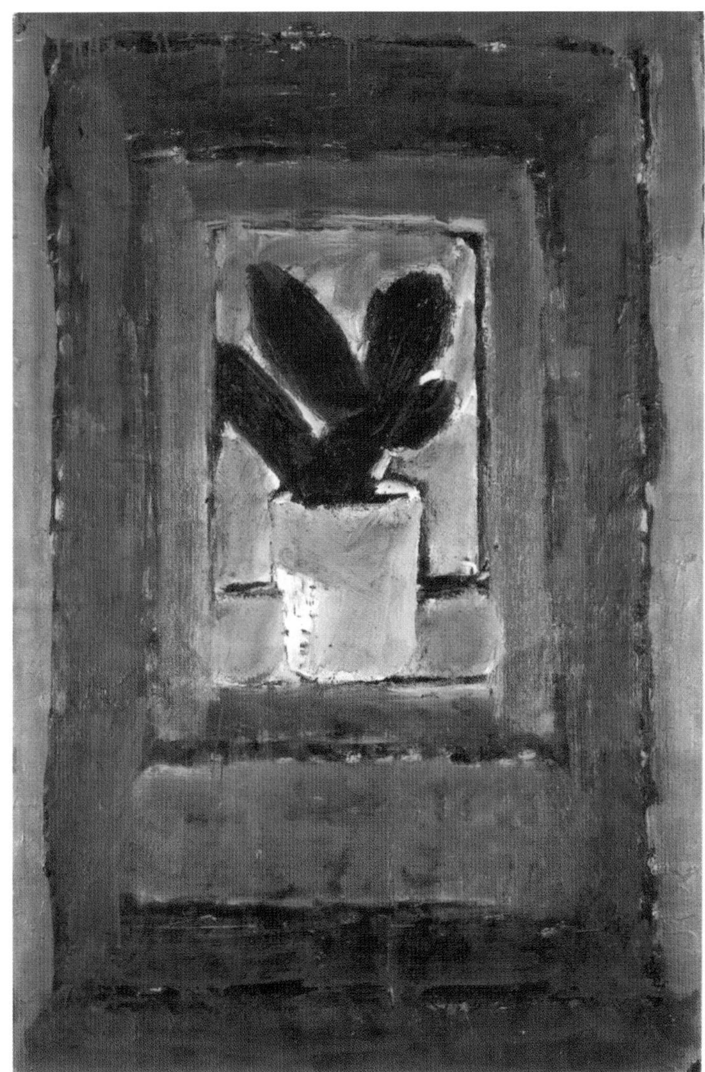

Abb. 35: 'Asim Abu Shaqra, Kaktus, Öl auf Papier, 120 × 80 cm, 1989.

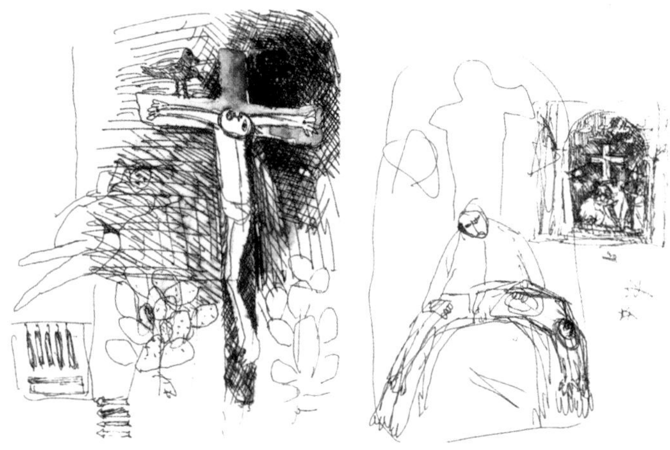

Abb. 36: Aus 'Asim Abu Shaqras Skizzenbuch, 1985–1986.

Aus 'Asim Abu Shaqras Skizzenbuch, 1985–1986 (Abb. 36)
'Asim Shaqra ist Muslim. Um so bemerkenswerter ist es, wie er hier seine Erfahrungswelt in der Passion Christi unterbringt. Den Kopf zur Seite geneigt, scheint der Christus sein „Mein Gott, mein Gott, warum hast du mich verlassen" in den Himmel zu schreien. Nur ein Rabe hat sich auf dem Kreuzbalken niedergelassen. Ist es eine Erinnerung daran, daß es einst ein Rabe war, der in Gottes Auftrag Elia stärkte? Doch der Himmel verdunkelt sich (Mt 27,45). Ist vom Himmel noch Hilfe zu erwarten?

Hinter einem Gitter räkelt sich unbeeindruckt eine fast nackte Frau. Es sind die Kakteen, die zu beiden Seiten am Stamm des Kreuzes ihren Platz haben, den in der klassischen Ikonographie die trauernden Frauen und der Jünger Johannes einnehmen. Sie sind später Zeugen der Auferstehung und bilden mit den anderen Jüngern den Kern der Bewegung, die die Welt verändern sollte. Sind die Kakteen hier Symbol der Hoffnung auf eine Zeitenwende?

Die rechte Skizze, eine „Pietà“, spricht jedoch eher die Sprache der Hoffnungslosigkeit: Schlaff hängt der tote Körper auf dem Schoß der Maria, die von tiefer Traurigkeit erfüllt ist.

Im Arabischen, darauf weist K. Boullata hin, heißt „Erlöser“ *fadi*, ein Wort, das mit dem *fida'i* „Freiheitskämpfer“ verwandt ist. Verschiedene Dichter hätten in ihren Gedichten mit diesen Wortverbindungen darauf hingewiesen, daß es gerade in ihrem Land, in ihrem Palästina, der Christus war, der als Rebell getötet wurde und doch dem Menschen Erlösung brachte.

Was mittelalterliche und moderne Maler oft zu zeigen versuchten, wird hier auf einer Skizze in Palästina neu verwirklicht: In der Passion Jesu erkennen Menschen ihr eigenes Schicksal wieder. Christus wird heimgeholt nach Palästina.

Diese Zeichnung ist ungewöhnlich im muslimischen Kontext, denn nach dem Koran wurde Jesus nicht gekreuzigt. Sie zeigt jedoch, wie stark der Einfluß der Ikonen ist und wie sehr islamische und christliche Kunst in der palästinensischen Kultur miteinander verwoben sind und sich gegenseitig beeinflussen. Die Künstler betonen gerade nicht die religiösen Gegensätze, sondern zeigen in ihrer Kunst die wechselseitige Bereicherung.

Welche Bedeutung der Kaktus als Symbol für das Selbst- und Weltverständnis der Menschen hat, zeigen eindrücklich die Arbeiten von **Rana Bishara**, einer Künstlerin, die ich während eines Symposiums 2013 in Bethlehem traf. Der Kaktus wurde zum Medium ihrer Kunst schlechthin. Kein Werk, in dem nicht der Kaktus präsent ist. Er bildet das Material, aus dem sie ihre Werke gestaltet, und ist der Gegenstand, mit dessen Hilfe sie Botschaften überbringt und die Atmosphäre palästinensischen Alltagslebens im Bild lebendig werden läßt.

Rana Bishara, **Kakteen**, 2013 (Abb. 37 und 38)
Die Härte und die Süße des Lebens drückt die Künstlerin durch den simplen Vorgang aus, daß sie ein „Ohr“ des Feigenkaktus in Schokolade taucht. Ungemein sprechend und unmittelbar ein-

Abb. 37 und 38: Rana Bishara, Kakteen, 2013.

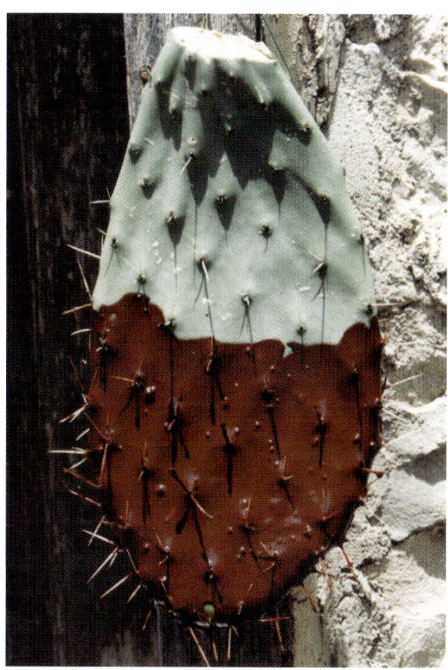

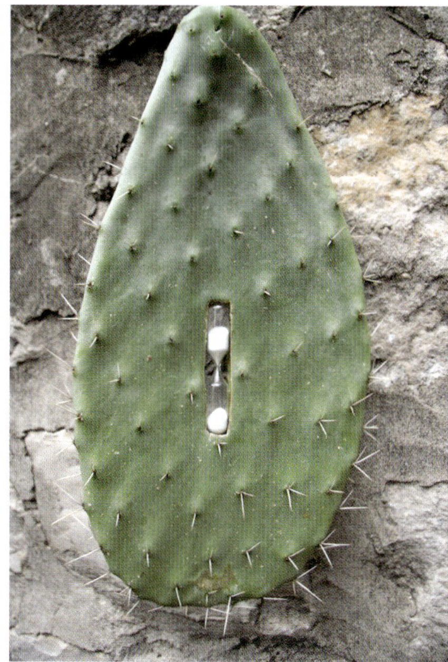

leuchtend wird hier das Lebensgefühl der Palästinenser zum Ausdruck gebracht werden: Trotz aller Härte lassen wir uns nicht unterkriegen. Wir verstehen es, in allem noch einen Wert zu sehen, noch immer das Leben auch in unserem begrenzten Lebensraum zu gestalten und zu genießen. Wir halten Frieden, aber unsere Stacheln sollte man nicht unterschätzen. Wir wissen uns zu wehren, wie klein unsere Stacheln auch auf andere wirken mögen. Zugleich spüren wir täglich, daß die Zeit abläuft. Ein abgebrochenes „Kaktusohr" wird nicht verdorren, solange es noch das Wasser im Inneren halten kann und dadurch den Eindruck von Frische vermittelt. Die Sanduhr im Kaktus aber zeigt, wie sehr die Zeit drängt und nicht unendlich Zeit zur Verfügung steht, in der gegenwärtigen Situation auszuharren. Und dennoch. Noch erlaubt das frische Grün, die Farbe der Hoffnung, mit Zuversicht in die Zukunft zu blicken. Noch haben wir Geduld. Aber wann wird sie aufgebraucht sein?

Im Kaktus spiegelt sich das Lebensgefühl der Palästinenser konzentriert und eindrücklich.

Olivenbaum

Osama Said, **Der alte Bauer**, 2007 (Abb. 39)
Als wir in das Atelier von **Osama Said** kamen, fiel mein Blick auf ein Bild, das mich später nicht mehr losließ. Immer wieder kehrten meine Augen dahin zurück.Es erinnerte mich an ein Bild von Rembrandt in der Eremitage in St. Petersburg: Die Rückkehr des verlorenen Sohns. Wie dort beugt sich ein alter Mann in anrührend inniger Weise nach vorne und umarmt – dort den verlorenen und nun wiedergekommenen Sohn – hier den Stamm eines seiner Krone beraubten Baumes. Den Kopf schmiegt er an den Stamm, die Augen geschlossen, wie um die Erinnerung daran festzuhalten, was dieser alte Olivenbaum ihm in all den Jahren bedeutet und gegeben hat. Waren sein Leben und das des Olivenbaumes nicht verschmolzen zu einer Existenz? Doch nun haben die Siedler ihn enthauptet. Deren frische, grüne Bäumen drängen gewalttätig ins Bild. Sie werden bald das kleine Stückchen Land auch noch in Besitz nehmen, auf dem der alte Mann seinen Baum umarmt. Von dem, was war, wird nichts mehr übrigbleiben. Nicht nur das Leben des Baumes ist beendet. Auch die Kraft des alten Mannes schwindet dahin. „Es war mein Großvater, den ich gemalt habe", sagte Osama Said. „Ich sah ihn so, wie er den letzten ihm verbliebenen und nun zerstörten Olivenbaum umarmte."

Ein Bericht über den Rabbiner Arik Aschermann, der mit Freiwilligen die Olivenhaine der Palästinenser gegen die Übergriffe der jüdischen Siedler zu schützen suchte, trägt die Überschrift, die auch als Thema unter diesem Bild stehen könnte: „Mit meinen Bäumen sterbe auch ich".[16]

Im Mittelalter war in Deutschland Brunnenvergiftung ein Kapitalverbrechen, im alten Palästina die Zerstörung eines Olivenbaumes. Der Olivenbaum mit seinen Früchten bedeutet Leben. Er ist aus dem Leben der Palästinenser nicht wegzudenken. Ein Olivenbaum kann hunderte Jahre alt werden. Immer wieder treibt er neue Triebe. Welch eindrückliches Bild bieten nicht die uralten, mehr als tausend Jahre alten Olivenbäume im Garten von Gethsemane den christlichen Pilgern! In ihnen verdichten sich die Geschichte und das Leben von vielen, vielen Generationen. Das gilt auch für die Bedeutung der Olivenbäume in Palästina. Mit seinen silbrigen Blättern, seinen Früchten, die so vielfältig genutzt werden, und dem knorrigen, widerstandsfähigen Stamm ist er längst zum Symbol palästinensischen Lebens geworden.

Dem Thema „Oliven in palästinensischer Kunst" widmete sich im Oktober 2012 eine Ausstellung in Nazareth. Welche Bedeutung die Olivenbäume im Leben der Menschen haben, wurde durch die ausgestellten Werke sehr eindrücklich: Freude, Ordnung, Zerstörung, Nostalgie und Hoffnung. Selbst an das denkbar abstrak-

16 In: Chrismon plus, Okt. 2010, 23 ff.

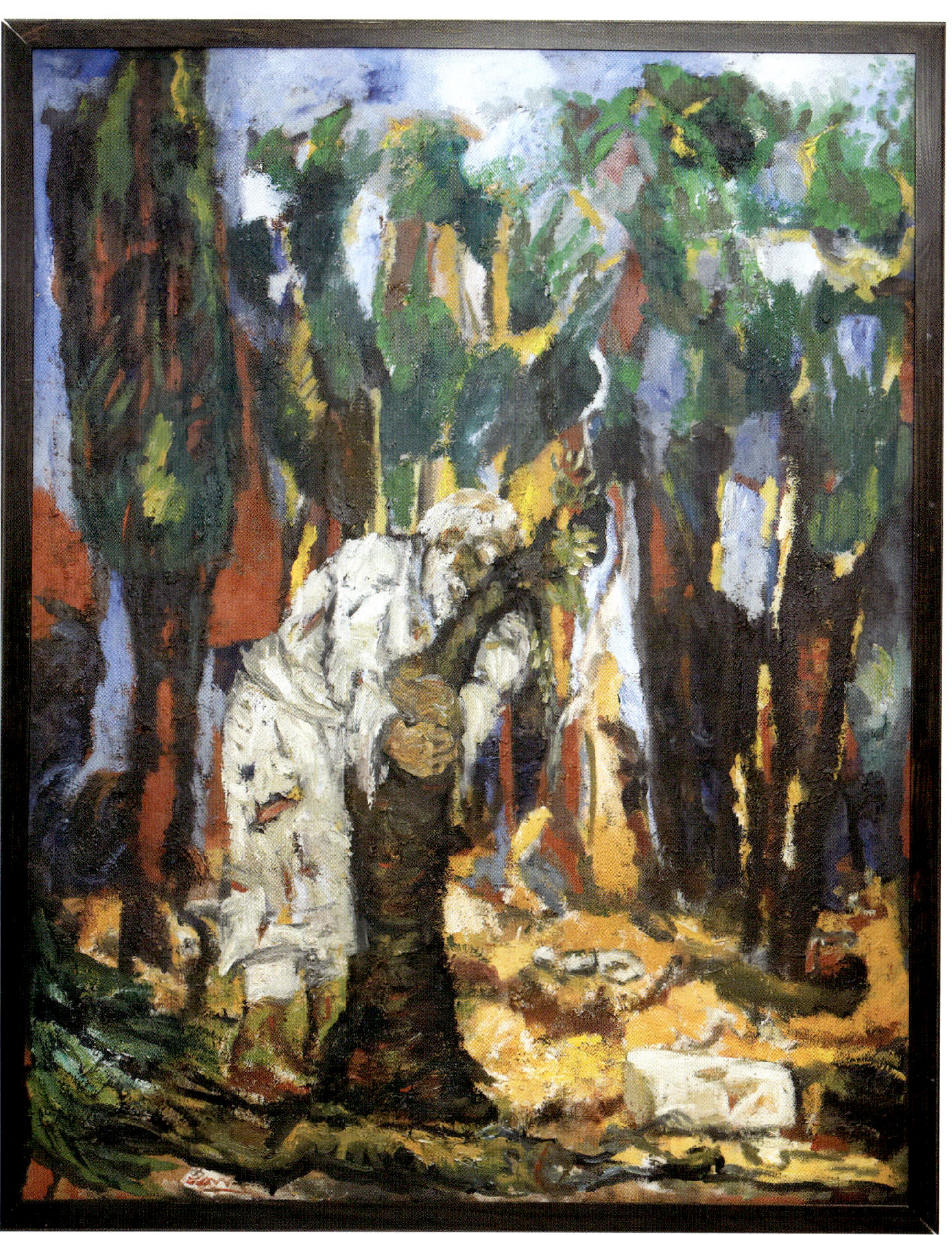

Abb. 39: Osama Said, Der alte Bauer, Öl auf Leinwand, 200 × 170 cm, 2007.

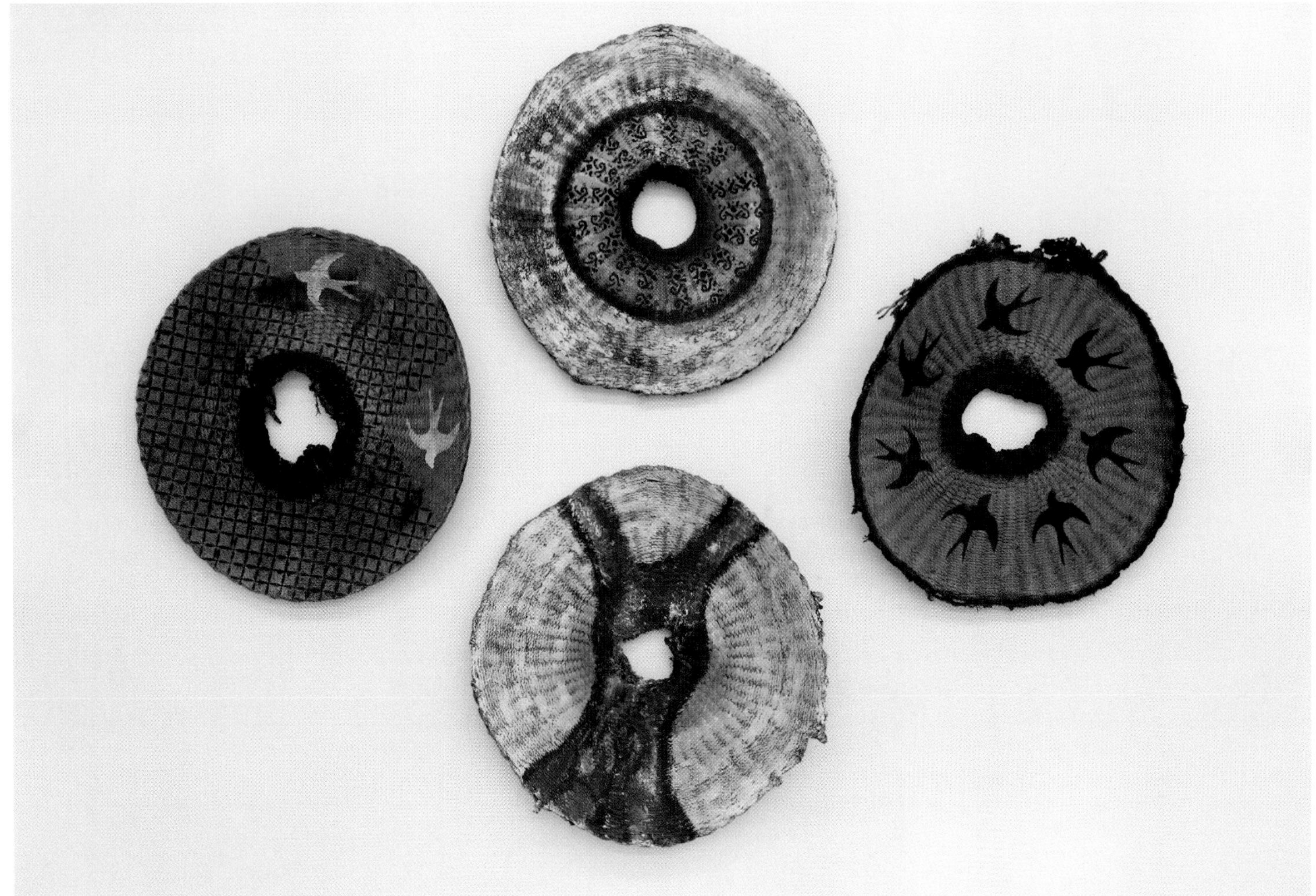

Abb. 40: Rania Akel, The Essence of Being (Das Wesen des Seins). Vier Körbe, à 70 cm Durchmesser, o. J.

teste Thema wagt man sich, das „Wesen des Seins“, mit ihrer Hilfe zu gestalten. In vier Anläufen wird das Thema von **Rania Akel** behandelt.

Rania Akel, **The Essence of Being** (Das Wesen des Seins), o. J. (Abb. 40)
Die vier flach gedrückten Körbe, in denen sich Reste getrockneter Oliven festgesetzt haben, sind durch verschiedene Motive (Vögel, Baumstamm und zarte Designmuster) voneinander unterschieden. Ob nun die Körbe blaß und gebleicht sind oder mit kräftiger Farbe hervorgehoben werden, sie alle kreisen um eine Mitte, die leer ist. Ist hier ostasiatisches Denken im Spiel? Laotse hat darauf aufmerksam gemacht, daß das Entscheidende eines Rades die Leere ist, der leere Raum zwischen den Speichen und die leere Mitte, in der die Speichen des Rades zusammenlaufen und die Nabe bilden. Ist diese Leere das japanische „Mu“, das Nichts? Die Leere als die „Fülle des Seins“, wie ein japanischer Buchtitel zu diesem Thema lautet? Dann läge es nahe, an Gott zu denken, der nicht darstellbar ist und nach jüdischer und islamischer Tradition nicht dargestellt werden darf. Der Kreis ist das vollkommenste Symbol Gottes in der christlichen Kunst. Ist also das gemeint, was Rilke im „Stunden-Buch“ so benennt:

„Ich kreise um Gott …
und ich kreise jahrtausendelang;
und ich weiß noch nicht: bin ich Falke, ein Sturm
oder ein großer Gesang.“

Osama Said schlug in einem Gespräch vor, die folgende Interpretation in Erwägung zu ziehen. Sind die Körbe nicht ein Bild der Palästinenser? So zusammengepreßt sind sie wie die Körbe und leben von den ihnen gebliebenen restlichen Olivenbäumen. Aber sie leben, einige selbst noch wie freie Vögel – zumindest in ihrem nicht zerstörten Selbst, andere finden in der Ästhetik, in der Kunst die Kraft zu überleben. Aber Unterdrückung, Gepreßtsein kennzeichnet ihre Existenz.

Künstler sind Seismographen ihrer Zeit. Das muß die Interpretation ihrer Werke beachten. Könnten die vier runden Körbe noch eine andere Dimension enthalten? Müßten wir ihr Thema anders übersetzen: „Das *Zentrum* des Daseins“? Dann wären die platt gedrückten Körbe so etwas wie ein Hinweis auf die Gefangenen und das, was sie erleben. Die Sehnsucht nach Leben wird dagegen in dem freien Flug der Schwalben angedeutet. Die Kraft des Widerstandes gewinnen sie aus der Verbundenheit mit dem Land ihrer Väter, so wie das Überleben und die Erneuerung der Olivenbäume, deren Früchte noch den Boden der Körbe bedecken, nur dadurch möglich ist, daß ihre Wurzeln tief in das Erdreich reichen.

Man könnte auch an eine Erfahrung Sari Nusseibehs Denken, seinerzeit Philosophieprofessor an der Bir Zeit Universität. Er stellte bei seinen Studenten, die in israelischen Gefängnissen gefoltert waren, eine bemerkenswerte Veränderung fest: Sie schienen freier geworden zu sein. Könnte es sein, so überlegte der in Oxford ausgebildete Mann, der zum palästinensischen „Uradel“ gehört, daß sie dieses Freiheitsbewußtsein dadurch erworben haben, daß sie sich nicht von den Folterern haben besiegen lassen? Daß sie Ja gesagt haben zum Leben und zum Überlebenwollen, Nein zu den Erwartungen und Forderungen der Peiniger und dadurch Selbstachtung gewonnen haben? Vielleicht bekamen sie dadurch auch Hochachtung von ihrem Gegenüber, dem Folterer, der ja oftmals nicht viel älter war als sie selbst.

Die neugewonnene innere Freiheit, der leere, vor dem Hintergrund der Wand „weiße“ Kreis wäre dann ihre Lebensmitte.

Aber sind wir mit diesem Gedanken nicht ganz nahe bei Gott, wenn das Symbol Gottes und das ihrer Lebensmitte verschmelzen? Nach biblischer Überzeugung ist Gott ein Gott der Freiheit. Wir sind zur Freiheit berufen, sagt Paulus.

Ich muß gestehen, daß ich mich vor keinem der in der Galerie ausgestellten Werke so lange aufgehalten habe wie vor die-

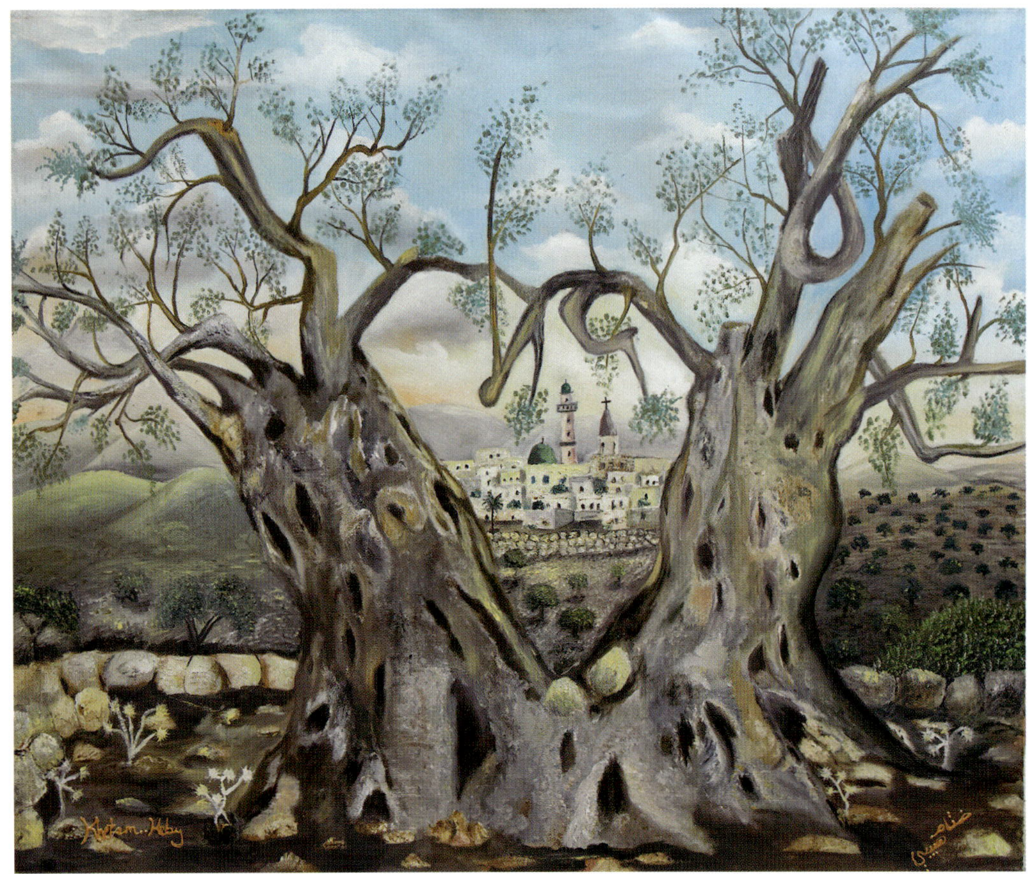

Abb. 41: Khitam Heibi, Olivenbaum, Öl auf Leinwand, 2008.

sen vier runden Kreisen. Das gedankenschwere Thema ließ mich nicht los. Ob ich den Sinn verstanden habe? Es ist wichtig, noch einmal daran zu erinnern, daß Kunstwerke immer neue und unterschiedliche Interpretationen zulassen, ja hervorrufen.

Khitam Heibi, **Olivenbaum**, (Abb. 41)
Das Bild von **Khitam Heibi** besitzt nicht solche Gedankenschwere. In seiner in Form und Stil naiven Malweise rührt es dennoch an, weil es die tiefen Sehnsüchte der Bewohner des Landes auf einen Nenner zu bringen wagt. Die beiden Olivenbäume sind wie Menschen gemalt. Sie tanzen fröhlich miteinander, geben sich im Tanz frei und finden wieder zueinander. Dabei verbandeln sich die frisch ausschlagenden Zweige so, daß Stämme und Zweige ein Herz bilden. Das Herz gibt den Blick frei auf ein Dorf mit Moschee und Kirchturm. „Man sieht nur mit dem Herzen gut", heißt es in „Der kleine Prinz". So friedlich, so herzlich, wie diese beiden Olivenbäume sich umschlingen, sollten die Menschen miteinander leben, Muslime, Christen und Juden. Das eine Land kann sie tra-

gen. Die fruchtbaren Olivenhaine im Hintergrund zeigen, daß für alle Platz ist, wenn man pfleglich miteinander umgeht und einander Raum gibt.

Sliman Mansour, **Der Olivenpflücker**, 1986 (Abb. 42)
Wie säkular Sliman Mansours Bilder erscheinen mögen, sie haben sehr oft eine religiöse Grundierung, die nicht übersehen werden darf. Das gilt auch für dieses Bild. Ein Olivenbaum kann Hunderte Jahre alt werden. Seine Widerstandsfähigkeit und Langlebigkeit lassen ihn gern zum Symbol palästinensischer Existenz und Staatlichkeit werden, wie wir gesehen haben. Aber er ist immer auch mehr.

Im Alten und Neuen Testament werden Weinberg und Weinstock zum Gleichnis, um das Verhältnis Gottes zu seinem Volk und Jesu zu seinen Jüngern zu verdeutlichen. Diese religiöse Funktion besitzt in der palästinensischen Kultur der Olivenbaum. Mansour unterstreicht das allein durch die Form des Bildes, der des Triptychons. Das Triptychon ist im Mittelalter eine beliebte Form kirchlicher, für den Altar bestimmter Bilder. Die Seitenteile sind meist umklappbar, so daß im Laufe des Kirchenjahres das jeweils passende Bild gezeigt oder verdeckt werden konnte. Die Dreiteilung evoziert den Gedanken an die Trinität. Sie gibt Raum dafür, das göttliche Geheimnis, die Geschichte des Jesus von Nazareth in der Welt so zu zeigen, daß jeder versteht, daß Gott es ist, der das Geschehen der Welt bestimmt und durch ihn allein die Wirklichkeit der Welt erschlossen werden kann.

Maria Magdalena sah einen Gärtner, als Jesus ihr nach der Auferstehung erschien. In vielen Variationen ist diese Geschichte gemalt worden. Emil Nolde wagte selbst Gott so zu malen, daß er mit einem Menschen verwechselt werden kann. Er ist „Der große Gärtner". Hier ist er der Olivenpflücker, der einen Ast hält und den vertrocknenden Zweig nicht abbricht (Jes 42,3). Er sorgt dafür,

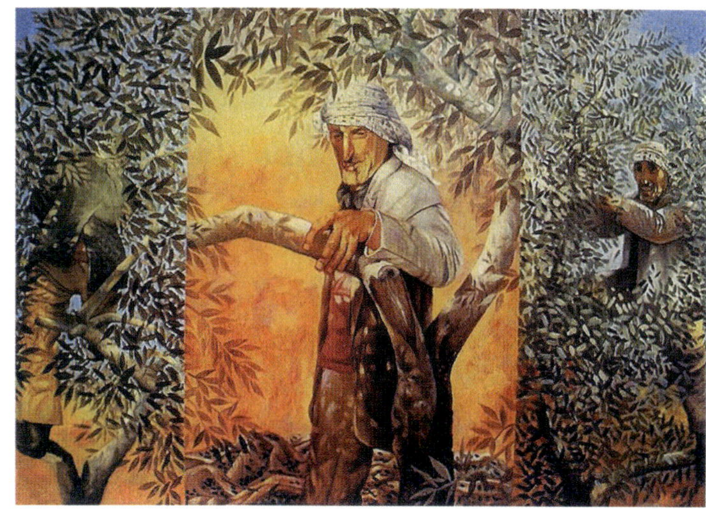

Abb. 42: Sliman Mansour, Der Olivenpflücker, Öl auf Leinwand, 120 × 95 cm, 1986.

daß die Menschen fröhlich sind in der Olivenernte und das Leben ohne Not und Hunger weitergehen kann. Mansour umgibt ihn mit dem strahlenden Licht des Ostermorgens. Der Glanz von Heiligkeit liegt auf seiner Arbeit und läßt Alltagsarbeit wie das Olivenpflücken in einem milden Licht erscheinen. Gott heiligt die Arbeit.

Die Botschaft des Bildes ist klar zu erkennen: Ihr habt im Land eurer Väter, in Palästina, dem Land, da Gott Mensch wurde, noch eine Zukunft. Gottes Präsenz könnt ihr selbst beim Olivenpflükken erfahren.

Auf diesem Bild findet eine überzeugende Inkulturation der biblischen Botschaft statt. Mansours Bild lädt ein dazu, das Bildwort vom Weinstock (Joh 15,1) durch das vom Olivenbaum zu ergänzen.

5.2 Die Würde der Frau

In diesem Kapitel geht es um die Darstellung der Frau in der palästinensischen Kunst. Doch zuvor soll eine Künstlerin mit ihrem Werk vorgestellt werden. Sie hat eine wichtige Funktion in der Ausbildung palästinensischer Künstler und Kunstlehrer in Bethlehem. Ich stelle sie exemplarisch für viele andere Künstlerinnen dar, denn ihr Werk fügt sich der Intention dieses Buches besonders gut ein. K. Boullata weist in seiner Darstellung palästinensischer Kunst mit Verve darauf hin, daß palästinensische Künstlerinnen gerade auch im Exil nach 1948, zumal in der künstlerischen Hochburg Beirut, neben der Kunst der Männer gleichberechtigt ausgestellt und anerkannt wurden, anders als es in der abendländischen Kunst der Fall war, wo es lange gedauert hat, bis die Kunst der Frauen gewürdigt wurde.

Faten Nastas Mitwasi ist in Bethlehem geboren. Sie besuchte von 1992–1993 die Terra Sancta High School in Bethlehem. Ihre Kunstausbildung erhielt sie von 1994–2011 an der Bezalel Academy of Arts and Design in Jerusalem und schloß sie mit einem Bachelor und einem Master ab. Zahlreiche Einzel- und Gruppenausstellungen führten sie nach Europa (z. B. Dänemark, Schweden, Schottland). Jahrelang arbeitete sie am Zentrum der Lutherischen Kirche in Bethlehem. Heute ist sie Direktorin des „Visual Arts Department" des Dar al-Kalima College in Bethlehem.

In ihrem Büro sind kaum Kunstwerke zu sehen. Als wir beiläufig darauf zu sprechen kommen, weist sie auf zwei relativ kleine Photographien, die in einem großen Rahmen hinter ihrem Schreibtisch aufgehängt sind. Sie machen auf den Kontext ihres Schaffens aufmerksam. Auf der einen Photographie ist ihre Mutter mit ihr als kleinem Kind zu sehen, das auf einem großen Hund – nein, es ist eine Steinfigur, ein Löwe – sitzt und spielt. Die andere Photographie ist an der gleichen Stelle aufgenommen. Nun ist sie die Mutter, ihre Tochter sitzt auf einem quer liegenden großen Stein. Im Hintergrund ist eine Häusersiedlung zu erkennen, neu gebaut von Fremden.

Zwei Photos aus dem Leben von Faten Nastas Mitwasi
(Abb. 43)
Faten Mitwasi versteht die Rahmung der beiden Photos als eine Art Installation, die die emotionale Erdung ihres Schaffens veranschaulicht. In einer Meditation schreibt sie dazu:

> *„Es war einmal in einem fernen nahen Land, daß ein kleines Mädchen geboren wurde, das glücklich und friedlich mit ihrer Mutter und ihrem Vater aufwuchs.*
> *Sie spielte oft mit dem Löwen im Vorgarten ihres Hauses.*
> *Immer genoß sie die herrliche Landschaft und die frische Luft des Landes.*
> *Eines Tages verließ das Mädchen das Haus und zog mit ihren Eltern in eine andere Gegend.*
> *Die Zeit verging, das Mädchen wuchs heran.*
> *Eines Tages hatte sie den Wunsch, zurückzugehen und das Haus ihrer Kindheit zu sehen.*
> *Sie konnte ihren Löwen nicht finden; stattdessen fand sie einen Stein … einen Turm, einen Tunnel und eine Siedlung."*

Mitwasi deutet das „Märchen" mit einem Zitat des palästinensischen Dichters Mahmoud Darwisch: „Als ich fern von meinem Elternhaus war, dachte ich, die Straße wird mich heimführen und daß unser Haus schöner war als die Straße, die nach Hause führt. Aber als ich zurückkam zu der sogenannten Heimat, die keine wirkliche Heimat mehr ist, habe ich den Satz verändert und sagte: Der Weg nach Hause ist doch schöner als das heimatliche Haus, und der Traum ist noch schöner und leuchtender als die Wirklichkeit, den der Traum mir zeigt. Der Traum ist nun ein Waise; ich zog den Satz zurück und weiß nun den Weg mehr zu schätzen als das heimatliche Haus."

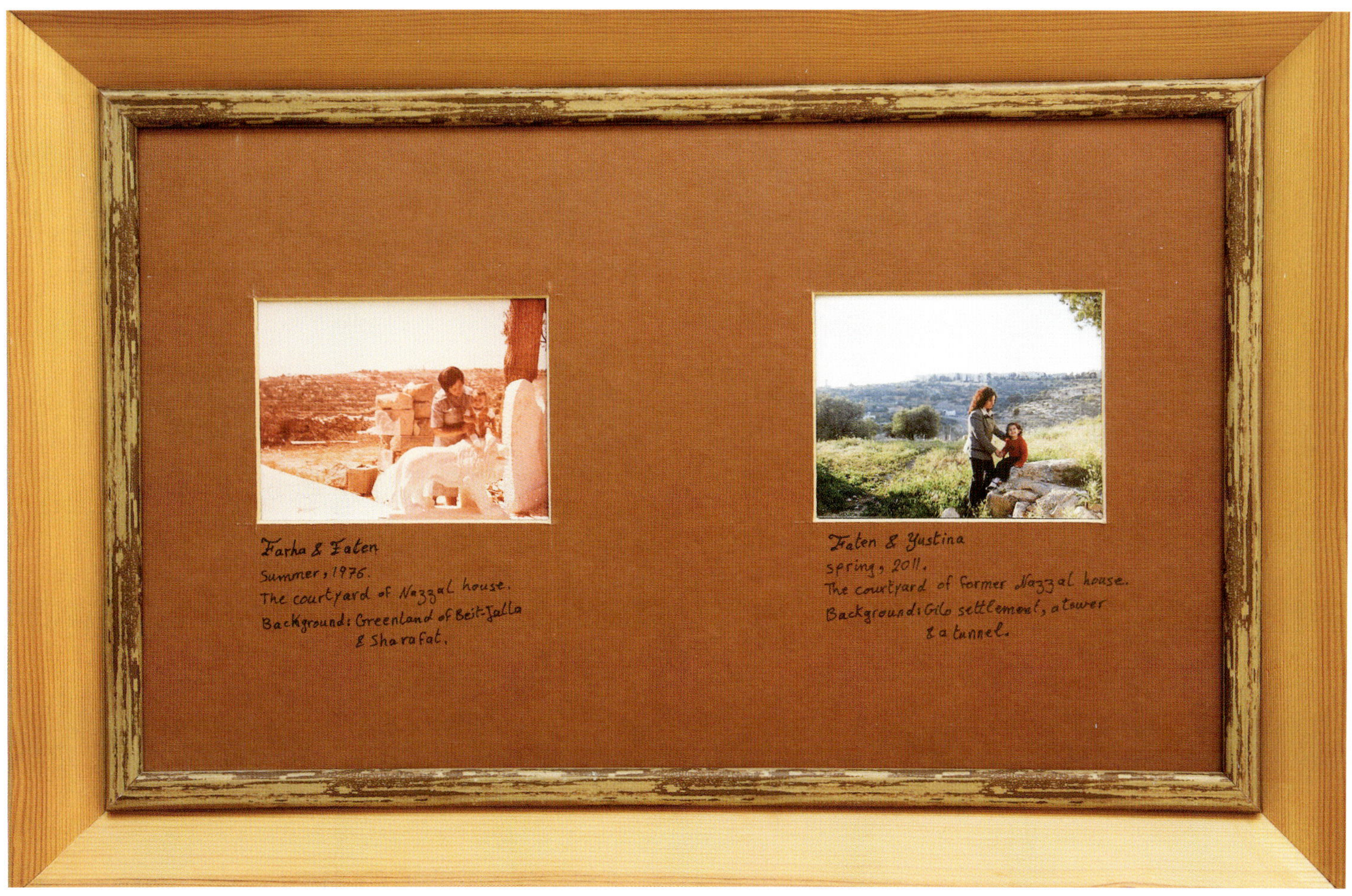

Abb. 43: Zwei Photos aus dem Leben von Faten Nastas Mitwasi.

Faten Mitwasi ist vor allem Installationskünstlerin. Das Thema Verlust der Heimat durch die aggressive Siedlungspolitik Israels bestimmt viele ihrer Arbeiten. Wie kann das zerstückelte Palästina noch zu einem Staat werden, wie die Palästinenser ihn ersehnen und den die internationale Gemeinschaft noch immer als politisches Ziel favorisiert? Der kurze Weg von Bethlehem nach Jerusalem ist ein Weg vorbei an Kontrolltürmen, ein Weg mit Hindernissen geworden.

Auf diesen beiden Photographien sind die zentralen Themen ihrer Installationen prägnant zusammengefaßt: Beengt und be-

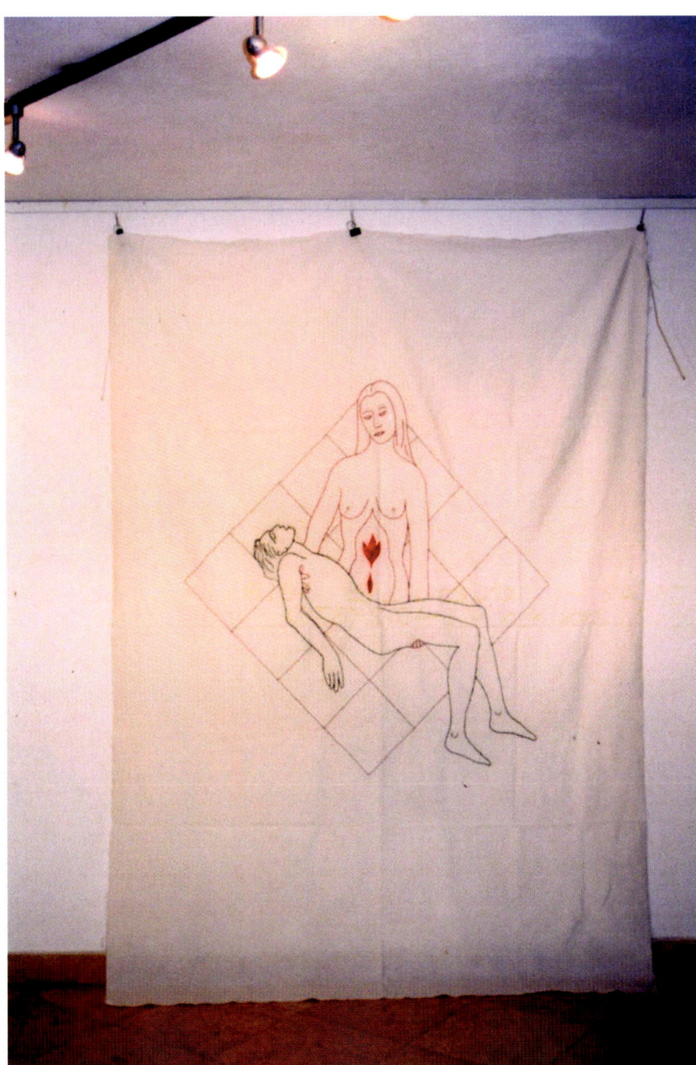

Abb. 44: Faten Nastas Mitwasi, Pieta, Stickerei auf Leinentuch, 2002.

drängt ist heute ihr Leben; Entfremdung, Verlust der Heimat; die Zerstückelung Palästinas; Gefährdung palästinensischer Identität. Aber auch dies kommt zur Sprache: die Kraft des Glaubens und die Hoffnung auf eine durch Freiheit bestimmte Zukunft.

Faten Nastas Mitwasi, **Pieta**, 2002 (Abb. 44)
Diese Stickerei spiegelt beides, Tod und Verzweiflung, und zugleich die Zuversicht, daß der Tod nicht das letzte Wort hat. Vom Oktober 2001 bis April 2002 belagerten und durchkämmten die „Israeliti Defence Forces" unter anderem auch Bethlehem, mit der Geburtskirche in seiner Mitte. Ausgangssperren, Schießereien, Durchsuchungen der Häuser waren an der Tagesordnung. Menschen wurden erschossen, auch ein Verwandter von Mitwasis Mutter. Daß die Familie nicht einmal an der Beerdigung teilnehmen konnte, verdoppelte den Schmerz. „Ängstlich saßen wir im Haus und wagten nicht einmal die Vorhänge der Fenster aufzumachen", schreibt Faten Mitwasi. Sie nutzte die Situation und bewältigte das Leid ihrer Familie und ihre Ängste, indem sie Zuflucht nahm zu dem Bild von Leid und Hoffnungslosigkeit schlechthin, dem der Pieta. Michelangelos Pieta im Petersdom mag ihr vor Augen gestanden haben. Doch hier ist Maria eine junge, in ihrer Nacktheit hilflose Frau, jeden Schutzes beraubt. Traurigkeit, nichts als Traurigkeit spricht aus ihrer Haltung. Aber eine farbliche Differenzierung dürfen wir nicht übersehen. Während die Umrisse des Toten mit schwarzem Garn gestickt sind, sind die der Frau ganz in Rot gehalten. Die Liebe ist stärker als der Tod. Das sagt auch das dreigliedrige Blatt: Neues Leben entsteht. Maria ist Eva, die „Mutter aller Lebendigen" (Gen 3,20). Es ist der tote Christus, der durch seine Auferstehung das Leben, unvergängliches Leben an das Licht gebracht hat. Faten Mitwasi wußte plötzlich, daß sie schwanger war. „Es war ein Zeichen der Hoffnung und machte deutlich, daß trotz Tod und trotz ‚Pieta' das Leben weitergeht", schreibt sie. „Tod, wo ist dein Stachel? Hölle, wo ist dein Sieg?" (1Kor 15, 55).

Faten Nastas Mitwasi, **In Search of the Complete**, 2010
(Abb. 45 a und b)
In verschiedenen, auch europäischen Kirchen hat Faten Mitwasi dieses Werk installiert: „In Search of the Complete" (2010).

Es ist, als ob sie eine Quersumme ihrer Arbeiten in dieser Installation ziehen wollte. Alles, was sie in ihrer Kunst bewegt, ist hier zu finden. Die antike palästinensische Kultur: Daran erinnern die gebrannten Tonscherben, wie sie noch immer bei Ausgrabungen gefunden werden. Jedoch hat sie statt antiker Schriftzeichen vor dem Brennen klassische Muster palästinensischer Stickerei in den Lehm gedrückt. Die Scherben sind zerschlagen und zerstreut, wie das Land durch die Siedlungspolitik Israels zerstückelt ist. Aber die Sehnsucht nach dem Ganzen bleibt. Daß sie nicht leere, frustrierende Sehnsucht ist, sondern durch die Kraft des Glaubens getragen wird, darauf weist die „Krone" im Zentrum der Installation hin. Sie ist in arabischer Kalligraphie gestaltet, deren Schönheit und Ausdruckskraft jeden Kenner arabischer Kunst faszinieren. Hier ist in übereinandergelagerten, aus leichtem Kunststoff herausgeschnittenen „Buchstaben" die große Einladung Jesu gestaltet: „Kommet her zu mir alle, die ihr mühselig und beladen seid, ich will euch erquicken. Nehmt auf euch mein Joch und lernet von mir; denn ich bin sanftmütig und von Herzen demütig; so werdet ihr Ruhe finden für eure Seelen. Denn mein Joch ist sanft und meine Last ist leicht" (Mt 11,28–30).

„Alles um uns herum verändert sich, auch wir selbst entwikkeln uns und streben danach, Neues zu erreichen. Aber das Ganze, das Vollkommene bleibt gleich, gewiß, ewig und in der Mitte …", schreibt Faten Mitwasi zur Interpretation des Werkes und lädt die Besucher ein, das Kunstwerk zu begehen und sich auf die Suche nach dem Ganzen und Vollkommenen zu machen. Was sie darunter versteht, hat sich für sie in der Einladung Jesu konkretisiert, die im Medium des zerbrechlichen Wortes die Mitte ihrer Installation bildet.

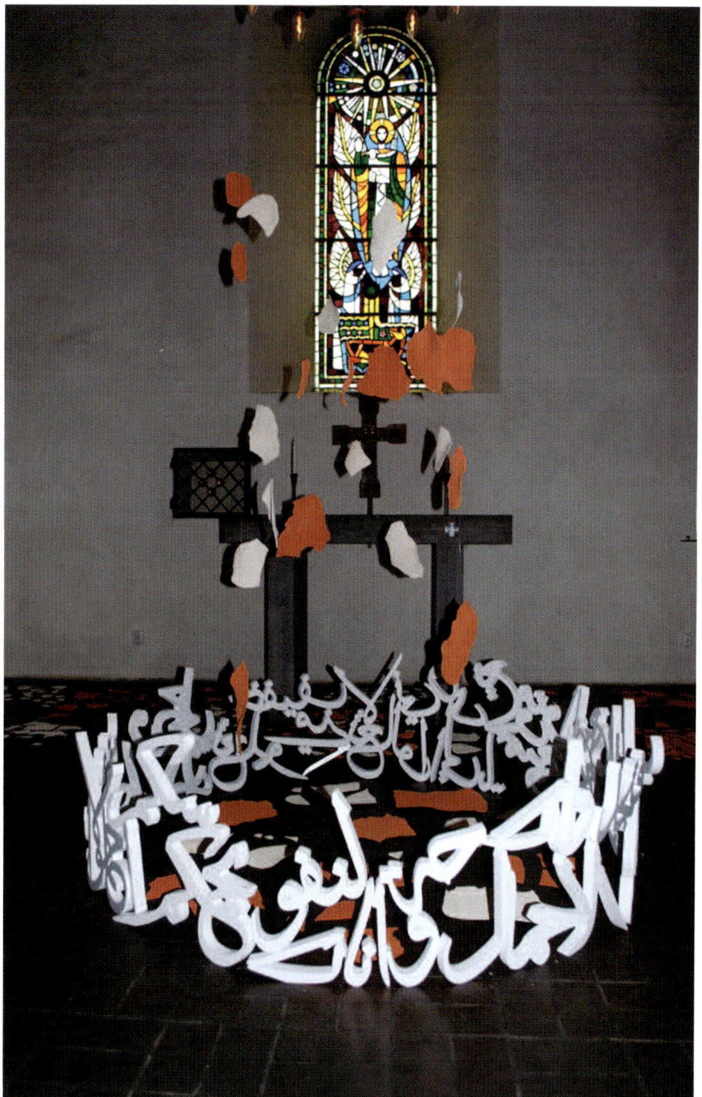

Abb. 45 a: Faten Nastas Mitwasi, Installation: In Search of the Complete, 2010.

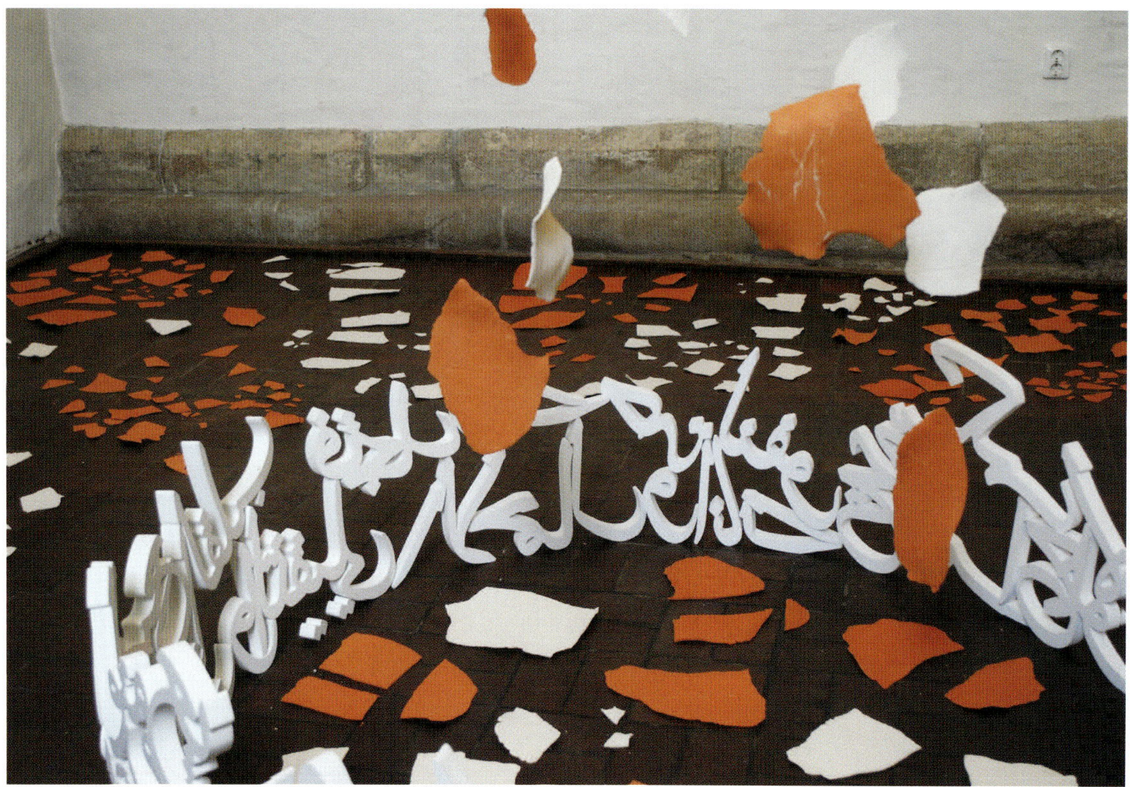

Abb. 45 b: Faten Nastas Mitwasi, Installation: In Search of the Complete, 2010.

Das Thema Frau ist in den Werken der Künstler, die ich kennengelernt habe, zentral. Anders als in der abendländischen Kunst ist die Frau kaum in ihrer Weiblichkeit Gegenstand der Bilder. Sie bezieht ihre Würde durch das, was sie in der Gesellschaft darstellt, als Mutter, als Schwester oder Tochter, aber vor allem auch als Arbeiterin auf dem Felde, bei der Olivenernte und wo immer Arbeit auf sie wartet. Sie ist es, die in den Zeiten, da alle gefährdet leben, dafür sorgt, daß das Leben weitergeht, auch wenn sie immer wieder an den Checkpoints von den jungen Soldaten gedemütigt wird. Es ist diese Zeit der nationalen Gefährdung, da die Würde der Frau neu und anders in den Blick gerät. Seit der Intifada, schreibt Faten Mukarker, sind alle Frauen „aktiver und selbstbewußter geworden als vorher".[17] Sie ist die eigentliche Lastträgerin im sozialen Gefüge palästinensischer Gemeinschaften. In der Kunst wird die Würde gepriesen, mit der sie das Leben meistert.

17 Faten Mukarker, Leben zwischen Grenzen, 2001, 69 und 71.

Ibrahim Hazimeeh, **Madonna mit dem Kind**, 2005 (Abb. 46)

Ibrahim Hazimeh, ein in Berlin lebender muslimischer palästinensischer Künstler, hat für den MISSIO-Kalender 2005 das Bild „Madonna mit dem Kind" gemalt. Maria zu malen ist für ihn kein Weg in ein fremdes religiöses Terrain, denn Maria ist im Islam die am meisten geehrte Frau. Eine Sure ist nach ihr genannt (S. 19). Eine höhere Auszeichnung kann es für eine Frau im Islam nicht geben. Entsprechend vorsichtig, ja ehrfürchtig nähert Hazim Hazimeh sich dem Thema, ohne ins Klischeehafte zu fallen. Doch auch Annäherungen an moderne Darstellungen Marias in abendländischer Kunst vermeidet er. Maria ist eine palästinensische Frau, erkennbar an der Kleidung mit einer Bordüre mit traditionellen Motiven. Die vornehme Kleidung und die hohe Gestalt unterstreichen ihren hohen Rang. Die Heiligenscheine mögen überraschen, denn ein auch nur angedeuteter Hinweis auf göttliche Heiligkeit wäre für einen Muslim Blasphemie. Doch jedem in Palästina aufgewachsenen Künstler ist das Bild Marias aus den orthodoxen und katholischen Kirchen so vertraut, daß man nicht einmal an eine Anpassung an den Auftraggeber MISSIO vermuten muß. Der Heiligenschein, die blaue Farbe des Kleides gehören zum ikonographischen Standard ebenso wie auch die helle Haut des Kindes und seine blonden Haare. Oder ist dieses Detail in islamischer Tradition begründet, denn nach Mohammed sah Jesus, dem er auf seiner Himmelsreise begegnete, wie ein Franke aus! Wie auch immer, Maria steht hoch aufgerichtet vor einer traditionellen Stadt, ohne daß besondere Zitate Bethlehem assoziieren. Es sind hoch gebaute Häuser, die eher an südarabische Baustile erinnern: Die Fenster sind klein und schützen das Innere des Hauses vor der Hitze, schützen aber auch die Frauen vor unerlaubten Blicken Außenstehender.

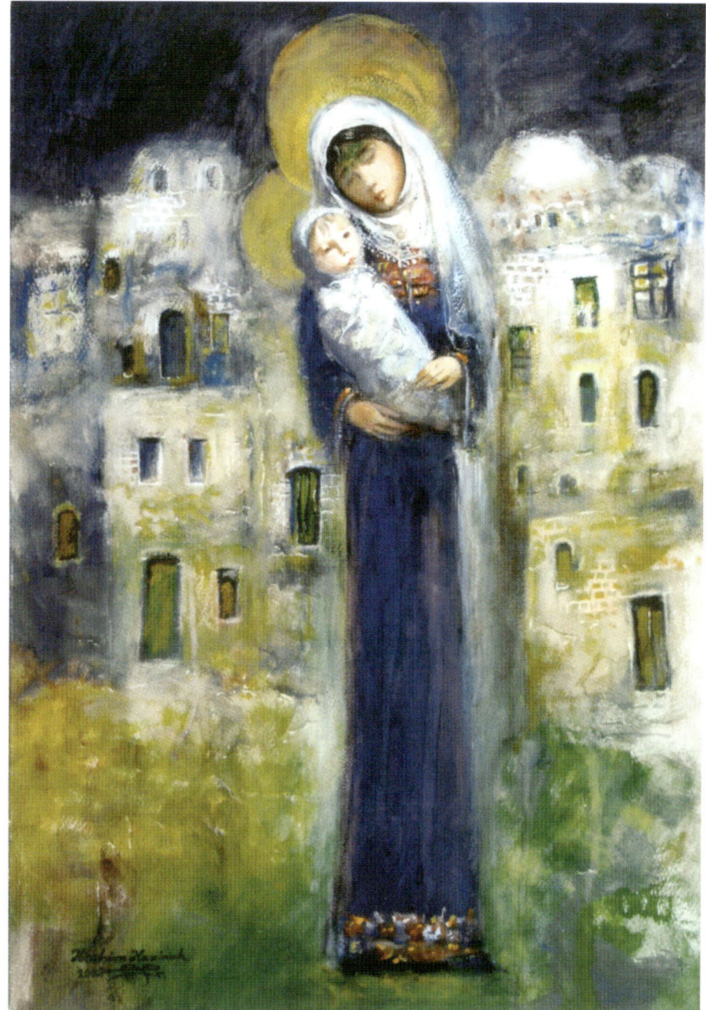

Abb. 46: Ibrahim Hazimeeh, Madonna mit dem Kind, 2005.

Der blaue Nachthimmel steht in starkem Kontrast zum hellen Grau der Häuserwände und der Dächer wie auch zur lichtweißen Kopfbedeckung Marias und den eng gewickelten Windeln des Kindes. Es ist ein mildes Licht, das von rechts in das Bild fällt. Die Quelle des Lichtes, der Mond, wird nicht gezeigt. Er soll nicht ablenken vom Zentrum des Bildes, der Mutter Jesu. Ein Halbmond, ein Symbol Marias und der Kirche, wäre zugleich ein islamisches Symbol.

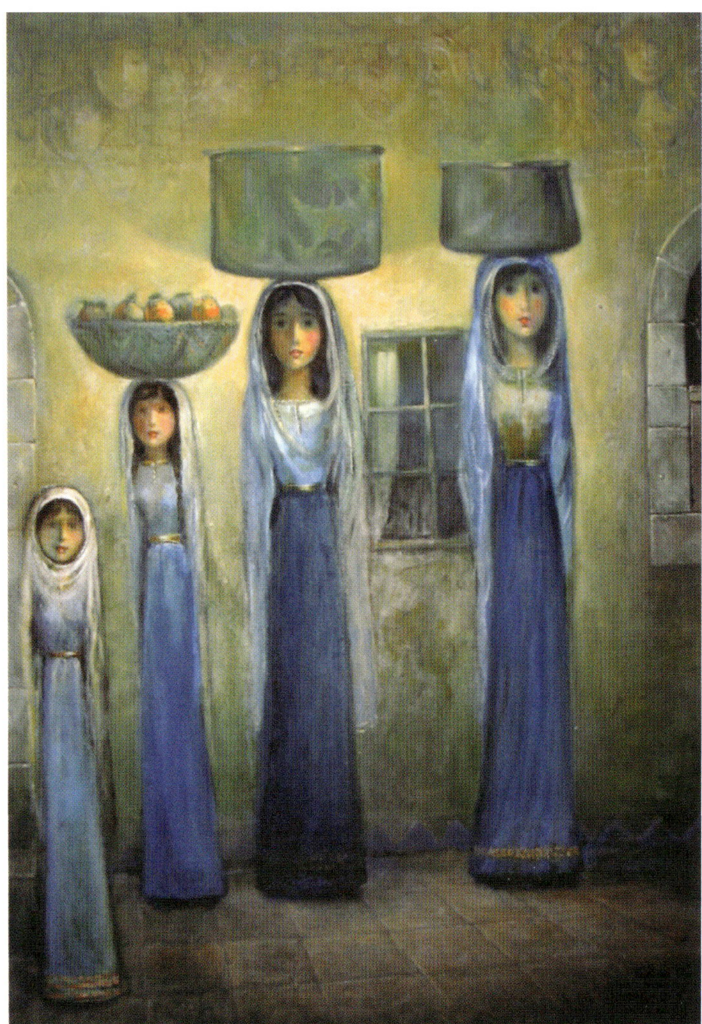

Abb. 47: Ibrahim Hazimeh, Das Haus unserer Ahnen, Öl auf Leinwand, o. J.

Es überrascht, daß Maria das Kind nicht eng umschließt und nicht fest in ihren Händen hält, sondern so, als ob sie es anderen präsentieren will. Vielleicht ist es ihr noch fremd, ein Kind im Arm zu halten.

Alles auf diesem Bild ist in sanften Farben gemalt. Es gibt keine harte Kanten, nur weiche Übergänge. Der fließende weiße Schleier, der Maria umgibt, unterstreicht ihr jugendliches Aussehen. Das lange Gewandt und ihre schlanke, übergroße Gestalt wollen nur eines zum Ausdruck bringen: die tiefe Verehrung, die der Künstler für diese Frau und damit für alle Frauen in Palästina hat. Auf meine Frage, warum er Maria, aber auch viele Bilder palästinensischer Frauen in ähnlichem Stil und immer in übergroßer, hoher Gestalt gemalt hat, sagte er: „Weil ich zeigen will, wie groß und stark die Frauen in Palästina sind."

Aber das ist nicht die ganze Wahrheit, wie das folgende Bild zeigt.

Ibrahim Hazimeh, **Das Haus unserer Ahnen**, o. J. (Abb. 47)
Wieder sind die jungen Frauen und die zwei Mädchen hoch und schlank gezeichnet. Maria scheint das Ideal zu sein. Die Frauen tragen schwere Kupferbehälter auf dem Kopf, das Mädchen einen Früchtekorb, so wie es schon immer im Nahen Osten üblich ist. Das zwingt sie zur graden, aufrechten Haltung, die Stolz und Würde spiegelt. Aber sie macht sie auch unnahbar. Das wird noch dadurch unterstrichen, daß sie praktisch keine Hände und Arme haben. Sie dürfen nicht berührt werden und berühren niemanden. Sie erscheinen wie in einem Märchen aus Tausendundeiner Nacht und gerinnen zu Statuetten. Sie sind schön und träumerisch sanft, aber beraubt aller Sinnlichkeit. Das Blau der Kleidung unterstreicht die Distanz: Noli me tangere (Rühr mich nicht an). Die Bewunderung, die der Künstler für die Größe und Stärke palästinensischer Frauen hat, läßt Distanz aufkommen.

Mit den Bildern von **Abed Abdi** (s. o. S. 59) zum Thema Frauen in der palästinensischen Kunst wird eine andere Seite aufgeschlagen. Es ist nicht die in der Erinnerung und aus der Ferne verschönte Welt arabischer Kultur, sondern die Welt der israelisch-palästinensischen Auseinandersetzung, eine Welt des Leides und der Unterdrückung.

Abed Abdi, **Frau am Checkpoint**, 1999 (Abb. 48)
„Frau am Checkpoint" nennt Abdi dieses Bild. Er hält die Erfahrung aller Palästinenserinnen fest, die die Grenze nach Israel überschreiten wollen. Den Erniedrigungen durch die Wachhabenden sind sie oft ausgesetzt. Ihre Menschenwürde wird nur selten beachtet. Meistens werden sie wie Menschen zweiter Klasse oder als gefährliche Feinde angesehen. Aber die Frau bewahrt ihre Würde. Ruhig, gelassen schaut sie den Wachsoldaten an. Sie ist schön und folgt der islamischen Tradition, ein Kopftuch zu tragen. Darin steckt für sie keine Diskriminierung der Frau. Der Schleier unterstreicht vielmehr die ebenmäßige Schönheit des Gesichtes.

Während die untere Kante des Bildes die Grenze andeutet, ist das Schwarzweißgeflecht einerseits Teil des Grenzzaunes, andererseits Pflaster des Weges. Doch wohin? In das Gebiet der Besatzung oder in das palästinensische Gebiet, das noch immer auf eine Staatswerdung wartet? Das Muster der „Steine" greift das des Kopf- und Halstuches der palästinensischen Freiheitsbewegung auf.

Wie auch immer wir den Hintergrund deuten, wichtig ist allein das durch weiße Linien hervorgehobene, lebensnahe und lebendige „Porträt" einer Frau, die sich nicht unterdrücken läßt, sondern gelassen und mit klarem Blick dem anderen Menschen, wer er auch sei, anschaut. Ihr Gesicht ist von einer inneren Ruhe und Würde geprägt, die sich jedem mitteilt, dem sie begegnet.

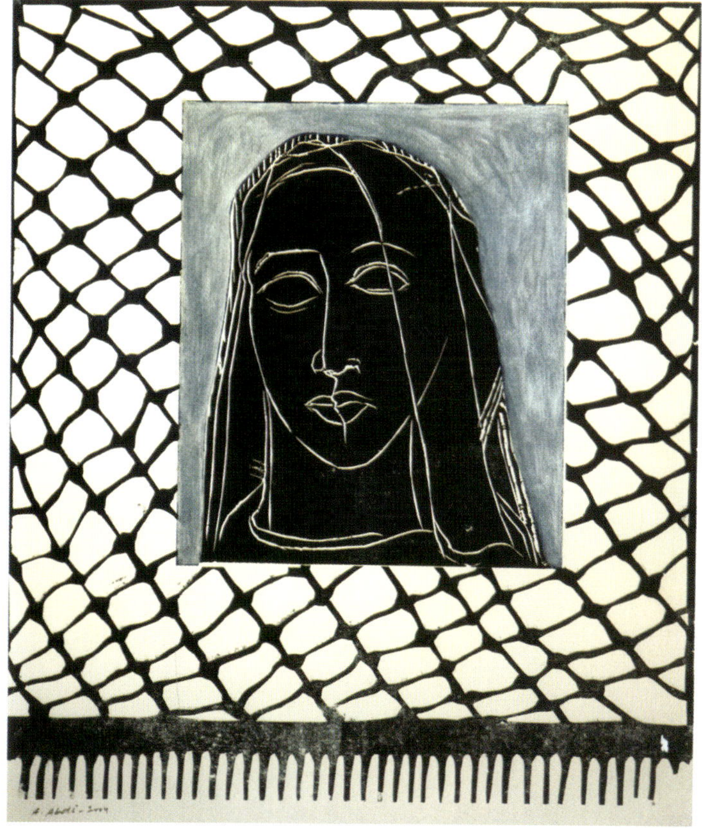

Abb. 48: Abed Abdi, Frau am Checkpoint, verschiedene Drucktechniken, 60 × 40 cm, 1999.

Abed Abdi, **Judith in arabischer Kleidung**, 1970 (Abb. 49)
Dieser Holzschnitt gehört in die Reihe jener Bilder, mit denen Abdi in dunklen Farben, oft als schwarze Tuschezeichnungen, den „Akbar", das Unglück der Flucht von Tausenden Palästinensern, darstellt und deutet. Das Haupt der Frau ist leicht zur Seite geneigt. Ihre hageren Hände zeigen, durch welche Not sie

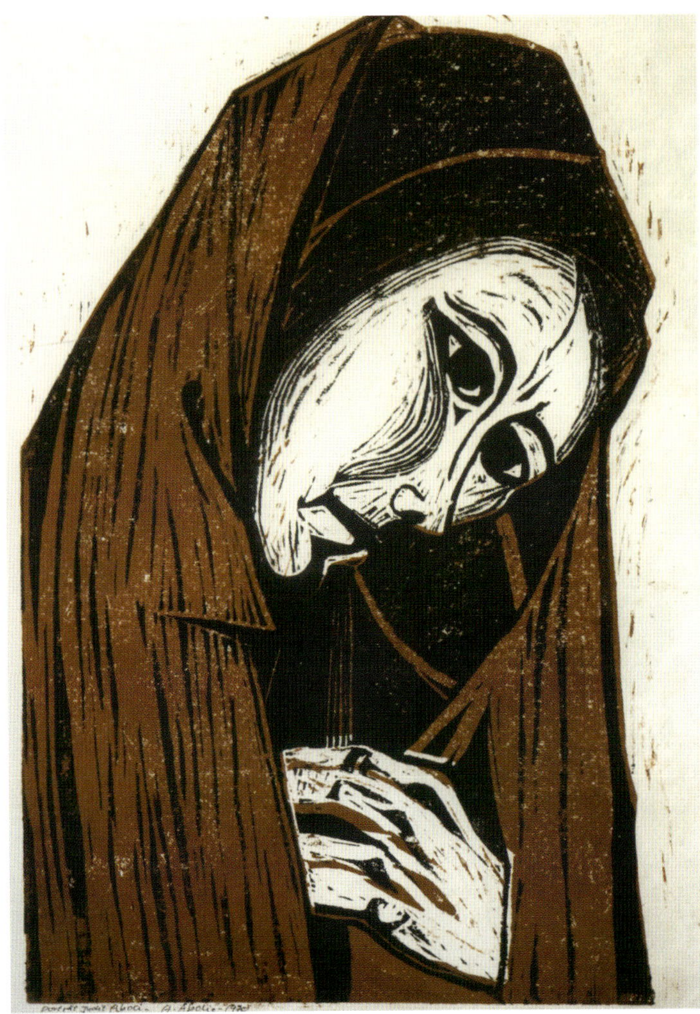

Abb. 49: *Abed Abdi, Judith in arabischer Kleidung, Farbholzschnitt, 45 × 65 cm, 1970.*

gegangen ist. Ihr Gesicht ist nicht eigentlich verhärmt, jedoch von nachdenklicher Sorge geprägt. Wenn auch verdeckt, wird noch ein wenig von der vergangenen Schönheit des großen Gesichtes sichtbar. Das ausgeprägte Kinn zeugt von starker Willenskraft. Die ungleich gestalteten Augen blicken nachdenklich in die Ferne, als ob ein wichtiger Entschluss in ihr heranreift. Alles in allem eine eindrückliche Schilderung der Wirklichkeit palästinensischer Frauen. Anders kann ich das Bild nicht sehen und verstehen.

Doch dann verwirrt die Bildunterschrift und stellt alles in Frage: „Judit in Arab Dress". Die Unterschrift spielt auf die (historisch nicht mehr zu verifizierende) Erzählung eines apokryphen Textes des AT an. Judit (= Jüdin) ist jene Frau, die sich in das Heerlager der Babylonier schleicht. Ahasver, der Heerführer, sieht sie und begehrt sie. Als er schläft, schlägt sie ihm das Haupt ab. Die darauf entstehende Verwirrung im Heer der Babylonier führt zum Sieg des jüdischen Heeres.

Doch wer ist nun diese Frau? Stellt Abdi eine Jüdin dar, die sich verkleidet in die Gemeinschaft der Palästinenser einschleicht und sie verrät? Oder ist das Gegenteil gemeint: Wie Judit soll sich eine Palästinenserin verkleidet in das israelische Heer als Verräterin einschleichen? Überall auf der Welt ist ja beides geschehen. Die Selbstmordattentäter haben diese Praxis der Verkleidung übernommen und subtiler die Gegenseite auch. Anders gäbe es keinen Geheimdienst. Will Abdi das anprangern? Wohl kaum. Das sorgenvolle Gesicht der Frau und die nachdenklichen, fast verloren blickenden Augen der Frau sprechen eine andere Sprache. Ihre Augen – und besonders ihr linkes, etwas schräg stehendes Auge – schauen den Betrachter des Bildes direkt an, fragend, besorgt, traurig: Gibt es wirklich keine Lösung, die Feindschaft zwischen unsern Völkern zu überwinden, als Verrat und Krieg? Es ist eine Jüdin, die diese Frage stellt und dadurch, daß sie die arabische Kopfbedeckung angelegt hat, ihre Solidarität mit dem palästinensischen Volk zum Ausdruck bringt. Ist es nicht so, daß nur dann Frieden entstehen kann, wenn beide Kulturen und Völker sich aufeinander zubewegen und beide etwas von der Kultur des anderen übernehmen? Darüber, so scheint mir, scheinen die Augen nachzusinnen. Der Holzschnitt will der Versöhnung dienen.

Abed Abdi, **Ikone**, 1999 (Abb. 50)
Abed Abdi lebt in Israel. Jüdische Freunde hatten ihm zu einem Kunststudium in Deutschland verholfen. Es liegt darum nahe, daß er mehr als andere palästinensische Künstler im Dialog mit Israel steht. Wie das vorige Bild „Judit“ sucht auch dieses Bild das Gespräch mit Israel. Die hebräischen Buchstaben unten im Bild rechts deuten das an.
„Icon“ nennt er das Bild. Damit ist mehr als nur „Bild“ gemeint. Das Gold des Hintergrundes, im Rund eines Heiligenscheins gemalt, erlaubt die Übersetzung „Ikone“. Abdi hat keine klassische Ikone im Stil der orthodoxen Kirche gemalt, sondern eine moderne Neusetzung. Die Frau wird nicht wie eine Heilige geschildert, sondern eher als eine Arbeiterin, deren Gesicht von Entsagungen und Enttäuschungen geprägt ist. Das blasse Blau gibt dem Bild eine Fahlheit, die nicht einmal durch das Rot der Lippen – auch das ist blaß – ein Gegengewicht bekommt. Das Kopftuch ist tief in die Stirn gezogen. Es läßt keine Entscheidung zu, ob es sich um den jüdischen Gebetsschal, das palästinensische Halstuch oder ganz einfach um ein alltägliches Kopftuch handelt. Die Augen der Frau sind fragend, ängstlich zur Seite gewandt, so, als ob etwas auf sie zukommt, für das sie sich innerlich wappnen muß. Glück und Freude scheint es in ihrem Leben kaum gegeben zu haben. So können wir nicht entscheiden, ob es sich um eine Frau handelt, die den Holocaust überlebt hat, oder um eine Palästinenserin, die die Schrecken der Flucht und ein jahrelanges Flüchtlingslager ertragen mußte. Der große goldene „Heiligenschein“ spiegelt nicht himmlischen Glanz, definiert die Frau nicht als eine der Transzendenz zugehörige Heilige, sondern stimmt das Preislied an auf die Kraft und den Überlebenswillen der Frau, dieser Frau und aller jüdischen und palästinensischen Frauen. Zukunft wird ihre Heimat nur haben, wenn die Frauen in ihrer Stärke gewürdigt und anerkannt werden und zukünftig nicht mehr die brutale, zerstörerische Macht und politische Gewalt der Männer das Sagen haben.

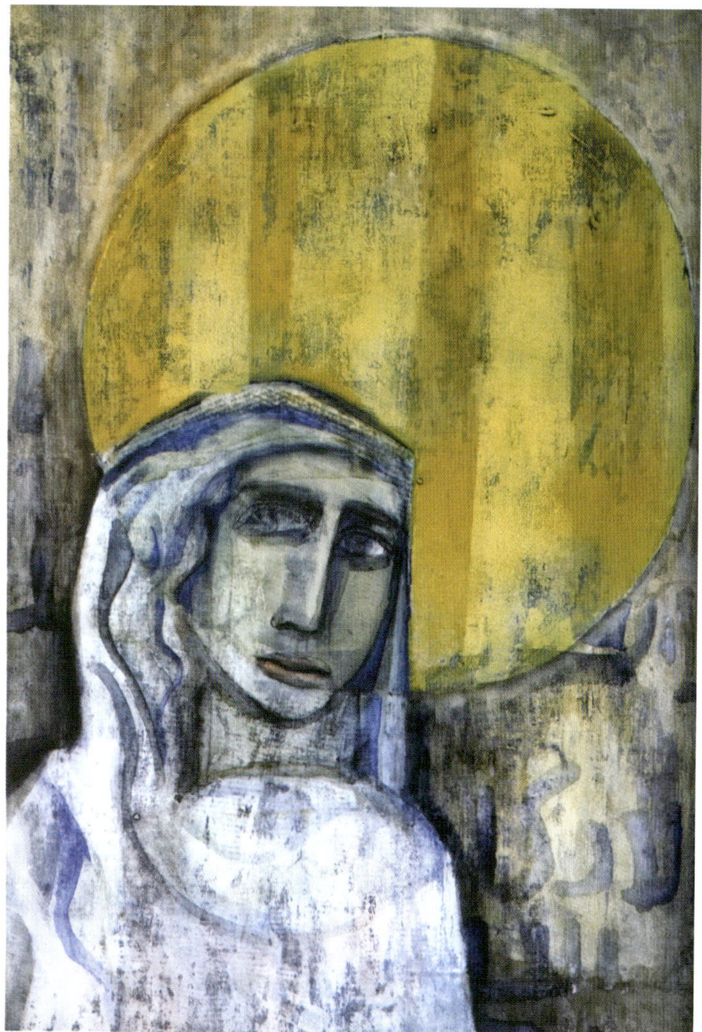
Abb. 50: Abed Abdi, Ikone, Acryl auf Papier, 80 × 55 cm, 1999.

5.3 Im Herzen aller: Jerusalem

Johnny I. Andonieh, **Einzug Jesu in Jerusalem**, 2000 (Abb. 51)

Die Ikonenmalerei gehört zur ältesten Kirchenkunst im Nahen Osten und Griechenland. Feste Regeln gehören zum Handwerk, das in seiner inneren Struktur von Generation zu Generation tradiert wird. **Johnny I. Andonieh** (geb. 1957) steht in dieser Tradition und versteht sich in seiner Kunst als Ikonenmaler. Er nimmt Aufträge von Kirchen an, malt aber auch traditionelle Andachtsikonen für den persönlichen Gebrauch. Das Bild „Einzug Jesu in Jerusalem" unterscheidet sich auf den ersten Blick nur in den Farben von der klassischen Ikonenmalerei: Das Gold fehlt. Die Darstellung hält sich aber streng an vorgegebene Bildschemata. Die Ikonenmalerei kennt ebenso wie die Kunst vor der Zeit der Renaissance keine Perspektive. Gleichzeitigkeit meint Zeit ohne Zeit Ewigkeit. Allein durch die Größe einer Figur wird ihre Bedeutung hervorgehoben, weniger Wichtiges und Ungleichzeitiges werden klein dargestellt. Das sind hier der Junge, der Tücher ausbreitet, damit der Esel nicht die Erde berührt, wie es beim Einzug eines Königs der Fall sein sollte. Auch der Mann auf dem Baum wird im Vergleich zu den Jüngern recht klein gezeichnet, ruft jedoch die Erzählung von Levi in Erinnerung, der auf den Baum geklettert war und in dessen Haus Jesus einkehrte. Der auf dem Esel reitende Jesus bildet das sachliche und zeichnerische Zentrum des Bildes, das sein Gegengewicht in der mittelalterlich gehaltenen Stadt Jerusalem hat. Jerusalem hat eine Moschee (?) in ihrer Mitte, Mauern schützen die Stadt. Ob das Tor für den Einzug Jesu geöffnet ist, läßt der Maler offen. Die dunkle Farbe läßt eher an ein verschlossenes Tor denken. Denkt der Künstler an das „Goldene Tor", das nach jüdischem Glauben allein dem kommenden Messias offen stehen wird? (S. 92 zu Bild 52) Jetzt ist der Messias, der Christus gekommen, doch er wird nicht empfangen, das Tor öffnet sich ihm nicht. Mehr noch, die ganze Stadt bleibt ihm verschlossen.

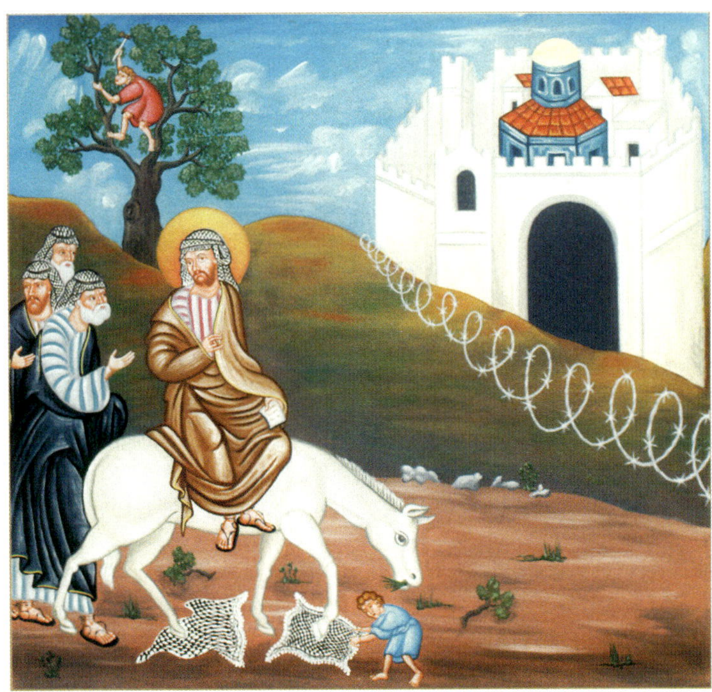

Abb. 51: Johnny I. Andonieh, Einzug Jesu in Jerusalem, 2000.

Insgesamt folgt Andonieh dem vorgegebenen ikonographisch festgelegten Muster. Doch es sind die kleinen Veränderungen, die auf sich aufmerksam machen. Der Junge im Vordergrund legt nicht „Kleider" auf die Erde, wie es in den Evangelien heißt, sondern schwarzweiß karierte palästinensische Kopftücher. Jesus wird zwar durch einen Heiligenschein hervorgehoben, doch die Kopfbedeckung zeichnet ihn mit der gegenwärtig üblichen Kopfbedeckung aus. Die Zeitlosigkeit der Ikonen wird aufgehoben und mit Gegenwart gefüllt. Das leistet vor allem der Stacheldrahtzaun, der anders als das ganze Bild perspektivisch gezeichnet ist. So wird deutlich, daß Jerusalem seit Jahren bis heute verschlossen ist für Jesus, der aus Bethlehem und Nazareth stammt, den eigentlichen Wohngebieten der (christlichen) Palästinenser. Es ist nur konsequent, daß der Maler den Weg Jesu so zeichnet, daß er an Jerusalem vorbeiführt. Doch wohin führt er?

„Ich habe das Bild gemalt, als es noch keine Mauer gab", erläuterte wie entschuldigend der Maler. Damit ist alles gesagt.

K. Boullata schreibt gelegentlich, daß es für ihn und seine Kunst von weitreichender Bedeutung war, als er die innere Beziehung begriff, die zwischen der Grabeskirche (Anastasis, also eigentlich „Auferstehungskirche"), in deren Nähe er aufwuchs, der Kirche auf dem Ölberg und dem Felsendom besteht. Alle drei sind auf einem Felsen gebaut. Als das Kreuz Jesu und der Felsen von Golgatha entdeckt wurden, begann man schon bald mit dem Bau der Kirche (327 n. Chr.) und nur 50 Jahre später wurde die Basilika auf dem Ölberg, dem Ort der Himmelfahrt Jesu, gebaut. In der zentralen Rotunde der Grabeskirche, ein gottesdienstlicher Raum der orthodoxen Kirche, ist ein Stein mit der Aufschrift „Nabel der Welt" zu sehen.

Der Felsendom ist auf dem Felsen gebaut, auf dem einst Abraham nach jüdischer Tradition seinen Sohn Isaak opfern sollte. Hier stand der Tempel Salomos. Hier fand nach islamischer Tradition die Himmelsreise Mohammeds statt. Auch dieser Ort gilt vielen als der Nabel der Welt. Alle drei Sakralgebäude sind auf ihre Weise Sinnträger und verbinden durch Lage und Architektur Himmel und Erde. Der oktogone Grundriß ist symbolgeladen, wie Boullata betont: Ein Oktogon entsteht dadurch, daß zwei Quadrate um 45 Grad übereinander verschoben werden und in ihrer Mitte einen Kreis bilden. Quadrat und Kreis sind Ursymbole der geschaffenen Welt und des Himmels und Gottes.

Das eindrückliche Panorama der Altstadt Jerusalems hat Boullata von seiner Jugend auf fasziniert. Die Auferstehungskirche, der Felsendom und die Kirche auf dem Ölberg sind streng aufeinander bezogen, doch zugleich sind sie tief voneinander getrennt. Wie kann man aber Trennung und Relation sichtbar machen? Für Boullata verbindet das Quadrat aufs Sinnhafteste beides miteinander und wurde somit zum Baustein seiner abstrakten „Vermessung" der Stadt. Die Form wird zum Träger des Inhalts. In unendlichen Variationen gelingt es Boullata, wie wir oben gesehen haben, seine Erinnerungen an den Ort seiner Jugend zu gestalten und den damit verbundenen Sinn sichtbar werden zu lassen. „Auch wenn ich die längste Zeit meines Lebens außerhalb von Jerusalem verbracht habe, mein ganze Werk ist davon bestimmt, daß ich immer Jerusalem im Inneren meines Bewußtseins vor Augen hatte." [18]

Kamal Boullata, **Golden Gate**, 1991 (Abb. 52)
„Golden Gate" nennt Boullata dieses Bild. Damit ist das zugemauerte Tor in der Stadtmauer Jerusalems gemeint, durch das man direkt auf den Tempelberg gelangt. Es ist nach jüdischem Glauben dem Messias vorbehalten, es bei seinem Kommen zu öffnen. In farblich nuancenreicher Abstufung greift er, der zur orthodoxen Kirche gehörende Christ, der beim Arbeiten oft Kirchenmusik hört, das Bild des verschlossenen Tors auf und gestaltet es zur Metapher des Lebens: Es ist von Dunkelheit geprägt und doch vom Licht der Hoffnung erfüllt. Noch ist das „Goldene Tor" verschlossen, schwarz und undurchdringlich. Ist Jerusalem nicht so verschlossen für die Palästinenser? Ist ihr Leben und das vieler Menschen nicht durch solches Dunkel geprägt? Aber das ist nicht die ganze Wirklichkeit. Jerusalem und aller Leben wird von Gottes Liebe umgeben. Gottes Liebe trägt noch immer diese Stadt. Worauf der jüdische Glaube hofft, daß das messianische Licht hineinbricht in diese Stadt, ist für den Christen geschehene Wirklichkeit. Jesu Lebens- und Leidensstationen prägen bis heute das Bild der

[18] K. Boullata, Palestinian Art, a. a. O. 322.

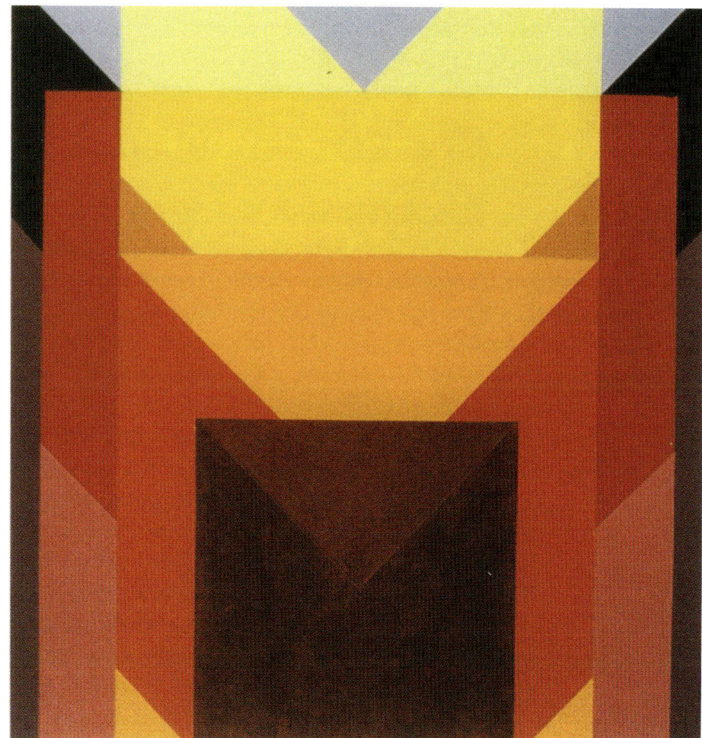

Abb. 52: Kamal Boullata, Golden Gate, Acryl auf Papier, 1991.

Altstadt. Für den einen mag das Licht von schweren Erfahrungen und einem angefochtenen Glauben verdunkelt sein, dennoch ist es da. Je mehr sich Herz und Auge nach oben wenden und je stärker Liebe, Glaube und Hoffnung das Leben bestimmen, um so heller wird das messianische Licht leuchten. Das Schwarz beherrscht und verdunkelt zwar noch das schon eingedrungene Licht (das schwach erkennbare Dreieck im schwarzen Quadrat), doch wo die Liebe kräftig ist, wird auch das einfallende Licht stetig heller, um schließlich in seiner ganzen Fülle sichtbar zu werden und sich allen mitzuteilen. Das messianische Licht dringt ein in die Stadt. Sollte sie sich nicht endlich ganz öffnen, so daß sie nach der Verheißung (Jes 2; Micha 4) zum Treffpunkt und Wallfahrtsort für *alle* Völker wird?!

Jesus reinigte den Tempel, damit er ein „Bethaus für alle Völker" sei (Mk 11). Die Erfüllung dieser Verheißung der prophetischen Zeichenhandlung Jesu liegt in weiter, weiter Ferne. Wir müssen noch viel tiefer und konsequenter zur Kenntnis nehmen, daß alle drei monotheistischen Religionen, und nicht nur die Juden, diesem Ort besondere Heiligkeit zusprechen.

Für die Muslime ist Jerusalem mit dem Tempelberg nach Mekka und Medina der drittheiligste Ort ihrer Religion. Es ist also auch im Zusammenhang unseres Buchprojektes angemessen zu fragen, wie muslimische palästinensische Künstler Jerusalem sehen und uns an ihren Erfahrungen und ihrer Sehnsucht teilnehmen lassen.

Ich greife zwei in Nordisrael lebende Künstler heraus.

Ahmud Canaan, **Jerusalem**, 2011, Abb. 53

Ahmud Canaan (s. o. S. 64 ff.) erinnert mit seinem breitwandigen Werk an die Geschichte Jerusalems, die weit über die Zeit Davids hinausreicht. Der Name des Künstlers („nomen est omen") scheint ihn dazu zu prädestinieren, diese geschichtliche Tiefenperspektive ins Bild zu bringen und dem Vergessen einen Riegel vorzuschieben. Verdeckt hinter einem „Vorhang" wird das Panorama Jerusalems mit dem Felsendom und seiner leuchtenden Kuppel im Zentrum vor uns ausgebreitet. Schriftzeichen aus vielen Epochen und Kulturen erinnern daran, daß hier die Kanaanäer (Philister/Phönizier) schon lebten, als von Israel noch keine Rede war. Damals wurde hier nach biblischer Tradition der Gott „El eljoon" verehrt. Abraham ließ sich ohne Vorbehalt von dem Jerusalemer „Priester Gottes des Höchsten" segnen (Gen 14,18). Ashera (links im Bilde) wurde in Palästina noch zur Zeit der Propheten verehrt. Sie wurde nach einer in der Negevwüste gefundenen Inschrift als die Frau Jahwes angesehen. Darauf wies mit einem Lächeln A. Canaan hin. Sie ist

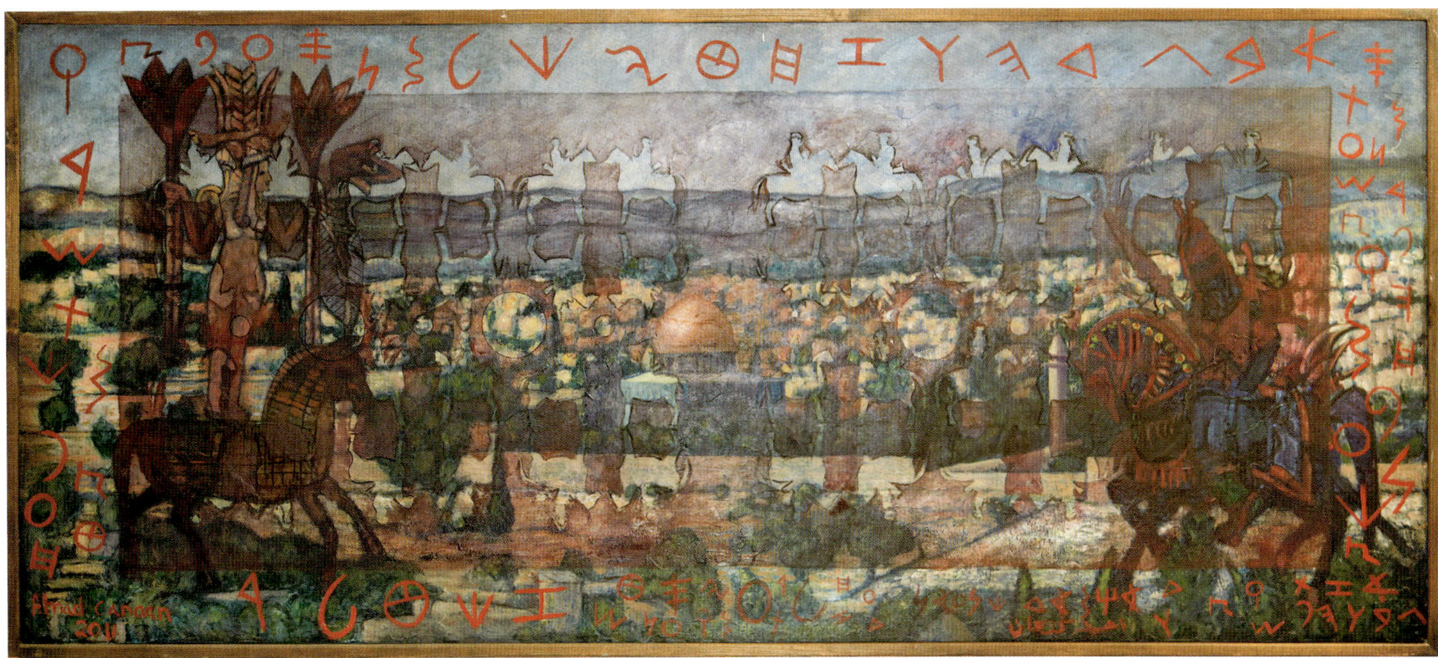

Abb. 53: Ahmud Canaan, Jerusalem, 190 × 70 cm, Öl auf Leinwand, 2011.

nicht vergessen, wenn auch jeder Muslim und jeder Jude jene Zeit als Zeit des „Heidentums“ abtun. Für Canaan dient die Ausweitung der geschichtlichen Perspektive dazu, jede ethnozentrische Verengung zu überwinden. Die Zeit der Kanaanäer darf nicht nur archäologisch wie ein fossiles Relikt präsent sein. Ägypter, Assyrer, Babylonier haben tiefgreifende Spuren in der Geschichte Jerusalems hinterlassen. Ihre Schriftzeichen weisen auf ihre Bedeutung für die kulturelle und religiöse Entwicklung Israels hin.

Der Horizont des Bildes umspannt auch die Zeit der Kreuzzüge. Saladin reitet von rechts ins Bild, ein Ritter und Friedensstifter. In Canaans Kunst nimmt er messianische Züge an, wie wir sahen (s. o. S. 64). Negative Erinnerungen an die Kreuzzüge werden nicht thematisiert. Sie gehören zur Geschichte Jerusalems wie die Eroberungen der Osmanen und Engländer in moderner Zeit. Canaan geht es allein darum, die religiösen Engführungen und politisch verfremdeten Erwählungstraditionen in die offene Weite zu führen und, so möchte man ergänzen, die Menschen aufzufordern im Lichte jener messianischen Vision (Jes 2; Micha 4) den Weg einzuschlagen, auf dem alle Völker sich in Jerusalem in Frieden treffen können.

Taleb Dweik, **Jerusalam**, o. J. (Abb. 54)

Taleb Dweik (geb. 1952 in Jerusalem) gehört zu den auch im Ausland bekannten palästinensischen Künstlern. Viele Auszeichnungen empfing er für seine Werke, sie wurden im Inland und Ausland ausgestellt. Seine Bilder erzielten hohe Preise, gerade auch in Jordanien. Faten Mitwasi machte uns mit ihm bekannt. Er lud uns in sein Atelier ein, das sein Bruder ihm in Ostjerusalem eingerichtet und ihm dort in seinem Haus eine Wohnung zur Verfügung gestellt hatte, da er zu seinem eigenen Haus in Jerusalem keinen Zugang mehr hat. Die Mauer sperrt ihn aus. Von der am Berg gelegenen Wohnung hat man einen grandiosen Blick auf Jerusalem. Es verwundert nicht, daß er eben dieses Panorama immer wieder malt: die Stille der Nacht, das Glitzern der Lichter in den Häusern, die Morgendämmerung. Und immer wieder der Halbmond, der die Stadt nicht erleuchtet, wohl aber in ein mildes Licht taucht. Entgegen streng islamischer Tradition malt Dweik auch Menschen, groß, manchmal übergroß, „größer als eine Mauer", wie es in der Einleitung zu seinem Ausstellungskatalog „Waiting" (2007) heißt. Warten, worauf? Auf Frieden in der Stadt? Daß die Kinder wieder fröhlich darin spielen können, wie er es aus seiner Jugend kannte und keine Wachsoldaten für Sicherheit sorgen? Daß er wieder in sein Haus einziehen kann?

Das hier abgebildete Bild von Jerusalem stammt von einer Postkarte. Es ist dunkel über Jerusalem. Der Mond wirft ein mildes Licht über die Stadt. Die vom Königshaus der Hashemiten in Amman vor Jahren vergoldete Kuppel des Felsendoms beherrscht das Bild wie ein Leuchtfeuer. Aber auch die Grabeskirche – oder ist es die Erlöserkirche mit ihrem stolzen, hohen Turm – bekommt einen gebührenden Platz. Noch weitere Kirchen und Moscheen sind zu erkennen. Farbig bunt sind die Runddächer, aufrecht wachsen Zypressen. Sind im Vordergrund nicht auch Grabsteine zu erkennen? Dweik orientiert sich auf vielen seiner Bilder farblich nicht an der Natur. Er will keine Farbphotographien schaffen, sondern „ich nehme die Farben, wie ich sie gerne sehen möchte". „Spontan

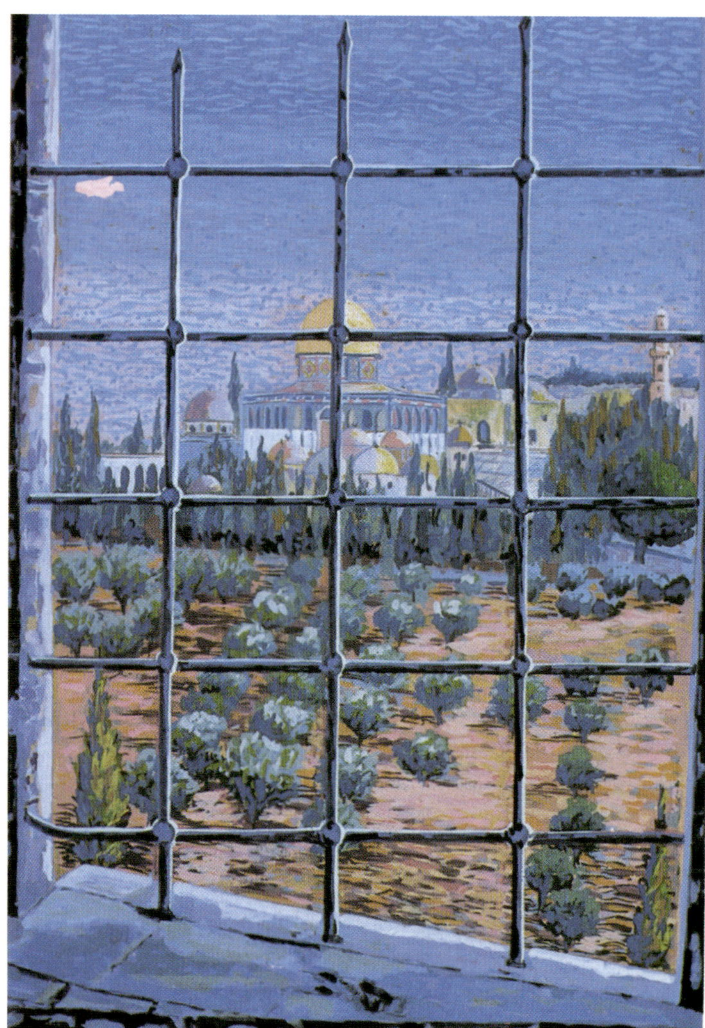

Abb. 54: Taleb Dweik, Jerusalam, o. J.

und ehrlich" biete ich die Farben dar, schreibt er. So bunt und vielfältig eben wie das Leben ist, möchte man seine Sätze ergänzen.

Mohammed mochte keine Bilder. „Wo Bilder im Hause sind, kehren die Engel nicht ein", lautet eine Hadith. Muslimische Künstler aus Palästina und dem Libanon setzen sich über dieses Verdikt hinweg (wie auch Künstler im Iran). Sie müssen es tun, wenn ihre Kunst und deren Botschaft, auch außerhalb des arabisch sprechenden Kulturkreises, wahrgenommen werden soll. Wollten die Künstler sich nur der Kalligraphie bedienen, die die künstlerische Ausstattung der Moscheen in vollkommenster Form ziert und von der Orthodoxie vorgeschrieben wird, wäre ihr Wirkungskreis höchst beschränkt. Sie leben in einer Weltgemeinschaft und wollen, daß sie gesehen und gehört werden. Alle sollen an ihrem Leben und Leiden teilnehmen, alle sollen die noch immer so lebendige palästinensische Kultur sehen, auch die Juden und die Menschen im Abendland, von denen sie selbst soviel gelernt haben und mit denen sie in einer offenen, freien Gemeinschaft leben möchten. Darum läßt Dweik seine Werke auf Poster und auf Postkarten drucken. Sie sollen verbreitet und bekannt werden.

Alle sollen wissen, daß er und viele seiner Freunde Jerusalem, diese wundervolle Stadt mit ihren reichen Traditionen, Kirchen und Moscheen, nur noch wie durch ein Gitter sehen können. Nicht einmal zu ihren Olivenhainen, zu den immergrünen Zypressen haben sie Zugang, geschweige zu den heiligen Stätten, die in ein vom Mondlicht gedämpftes Nachtblau getaucht sind, ein Blau, das den Eindruck der Ferne noch verstärkt.

Ist es eine Friedenstaube, die links oben durch das Mondlicht, das sich auch auf dem Gitter spiegelt, hell in den Gesichtskreis des Künstlers und des Bildbetrachters fliegt? Ist sie die Taube Noahs, die ausgesandt wurde zu sehen, ob die tödliche Flut gesunken ist? Was wäre ihre Botschaft heute? Noch ist kein Friede, noch sind Haß und Bedrohung nicht vorbei, noch ist die Gewalt durch Steine, Gewehrkugeln und Selbstmordattentate nicht gebannt. Aber auch das sagt sie: Friede soll werden. Der Titel einer der Kataloge von Dweik bekommt Gewicht: „Waiting".

Die Straße vor dem Haus der Familie Dweik war durch den Bau der 8 Meter hohen Mauer abgeschnitten und zur Sackgasse geworden. Als wir das Haus verließen, spielten Jungen auf der Straße nicht „Verstecken", wie man es erwarten könnte, sondern statt „hide and seek" „hide and fire". Es schien, daß sie selbst richtige Pistolen und Gewehre in den Händen hatten. Ob geladen oder nicht, es war für uns ein erschreckender Anblick, daß Kinder in solch gespannter Atmosphäre aufwachsen und Kriegspielen zum Alltag gehört.

Es ist wichtig, die Situation auch mit den Augen der Kinder zu sehen. Es ist nicht zufällig, daß T. Dweik uns einen Katalog zu einer Ausstellung von Bildern von Kindern schenkte, die ihre Erfahrungen vom Leben in ihrer Stadt Jerusalem zu Papier gebracht haben. Die Themen der Bilder sind sprechend: Kindliche Träume von einem fruchtbaren, sonnigen Land, Landleben, Braut und Bräutigam und fröhliche Hochzeiten; auch ihr kulturelles Erbe spielt eine wichtige Rolle: Elternhaus, traditionelles Familienleben auf eigenem Grund und Boden, palästinensische Kleidung. Das häßliche Gesicht des Krieges aber ist das Hauptthema. Angst spiegelt sich auf den Gesichtern der Kinder, die Beerdigung von „Märtyrern" wird gemalt und die Freilassung eines Bruders aus dem Gefängnis. Wahrlich keine kindlichen Themen!

Kinderzeichnung: **Israel is in the Heart**[19] (Abb. 55)
Dieses Bild faßt auf eindrucksvolle Weise das Thema Jerusalem zusammen: Die Stadt ist im Herzen der Kinder. Sie lieben ihre Stadt, in der Kirchen und Moscheen einträchtig nebeneinanderstehen. Die alte Stadtmauer scheint sie zu verbinden und zu schützen, der Torbogen zwischen ihnen deutet einen offenen

[19] Aus K. Nabris (ed.), Eyewitnesses to the Events, Palestinian Children Draw Their Dreams. Palestinian National Theatre , o. J. (2000), Painting Nr. 19.

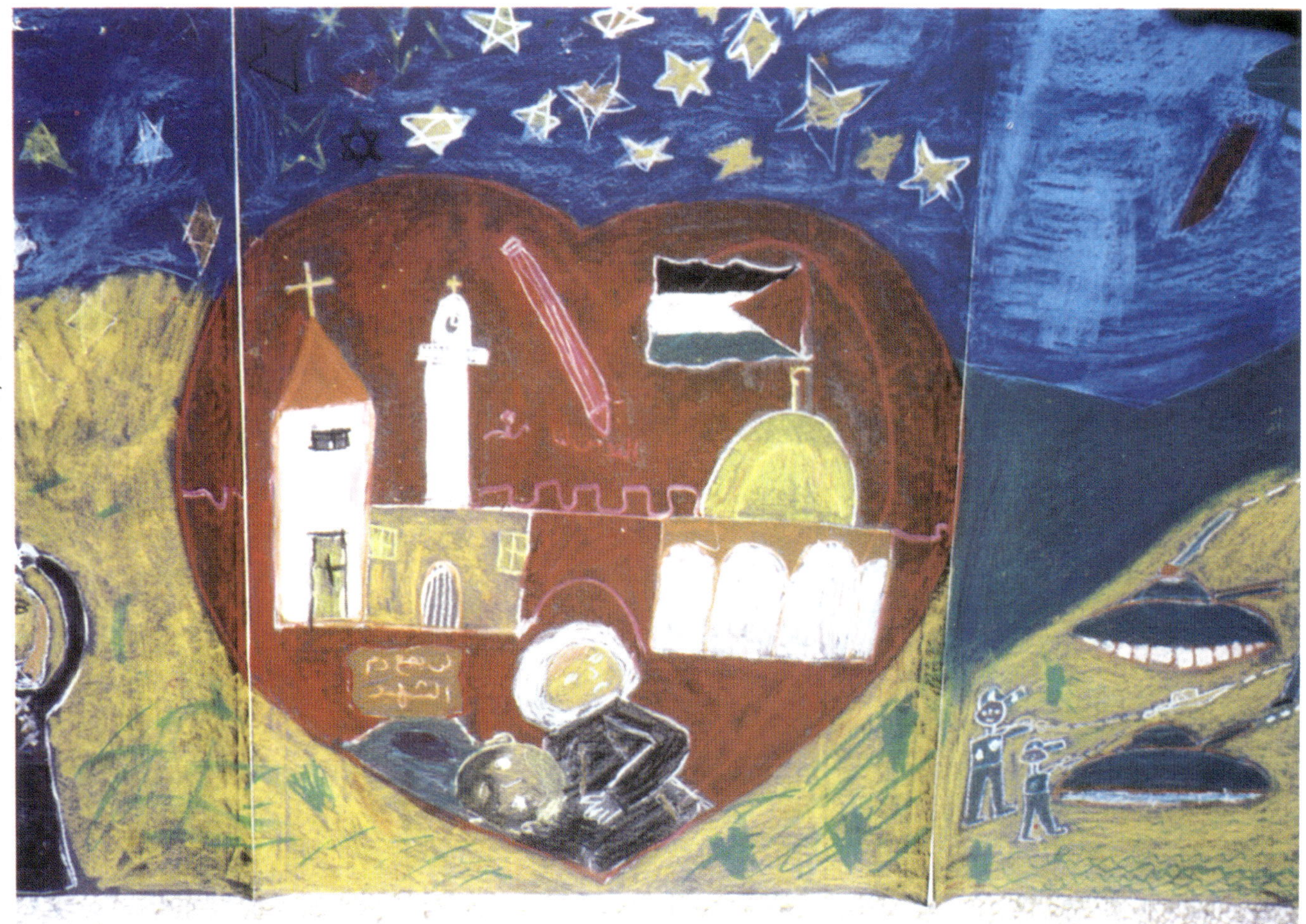

Abb. 55: Kinderzeichnung: Israel is in the Heart.

Zugang an. Ein klarer Nachthimmel bietet vielen Sternen Raum zum Leuchten und Glitzern. Die palästinensische Flagge weht im Wind. Unten im Bild aber geht es um Alltagserfahrungen, Krankheit und Tod. Die tägliche Bedrohung (rechts im Bild) ist nicht zu verleugnen: Panzer rücken an, sie fletschen die Zähne wie Meeresungeheuer. Es wird geschossen. Dem korrespondiert die linke Seite: Klagend schlägt eine Frau ihre Hände über dem Kopf zusammen.

Salama Safadi, **Signs of Memory**, 2008 (Abb. 56)
Die Photographie der folgenden Installation von **Salama Safadi** (geb. 1981 in Maidal Shams, Golan) stammt aus einer Ausstellung, in der Juden und Palästinenser in gleicher Weise ihre Werke der Öffentlichkeit zeigten.[20] Sie mag ein wenig aus dem Rahmen der bisherigen Werke herausfallen, macht aber auf ein wichtiges Problem eindrücklich aufmerksam, das der unterschiedlichen Wahrnehmung von Orten und was der Ort für das eigene Leben bedeutet. Wenn wir die Augen schließen, hat jeder von uns ein besonderes Bild von einem solchen Ort der Erinnerung vor dem inneren Auge. Aber stimmt er mit der Wirklichkeit noch überein? Wie verändern sich Städte? Nur durch Neubauten und architektonische Veränderungen? Sind es nicht auch emotionale Konditionierungen, die in der eigenen Biographie begründet sind, Erinnerungen, die durch schöne oder ungute Erfahrungen geprägt sind? Wenn wir an Jerusalem denken, schieben sich religiöse oder auch politische Perspektiven in den Vordergrund, die das Erlebte verändern und in Frage stellen. Das gilt für jeden Europäer. Wieviel mehr für Juden, die nach langer Zeit wieder Jerusalem besuchen, oder für Palästinenser, denen der Zugang über Jahre verschlossen war und nun allein über Checkpoints und andere Kontrollen Zugang haben, täglich militärische Präsenz erleben oder vor einer unüberwindlichen acht Meter hohen Mauer stehen.

Die Verkehrsschilder Jerusalem – Jericho weisen nicht nur auf die heute breit ausgebaute Straßenverbindung zwischen diesen beiden Städten (wobei die Teerstraße um Jericho einen Bogen macht), sondern will an die Zeiten erinnern, da Jesus auf dieser Straße mit seinen Jüngern gegangen ist und sie in einem seiner Gleichnisse zum zentralen Träger seiner sozialethischen Botschaft wurde (Lk 10): Auf dem Wege von Jerusalem nach Jericho geschah es, daß ein Mann unter die Räuber fiel! Passanten, ein

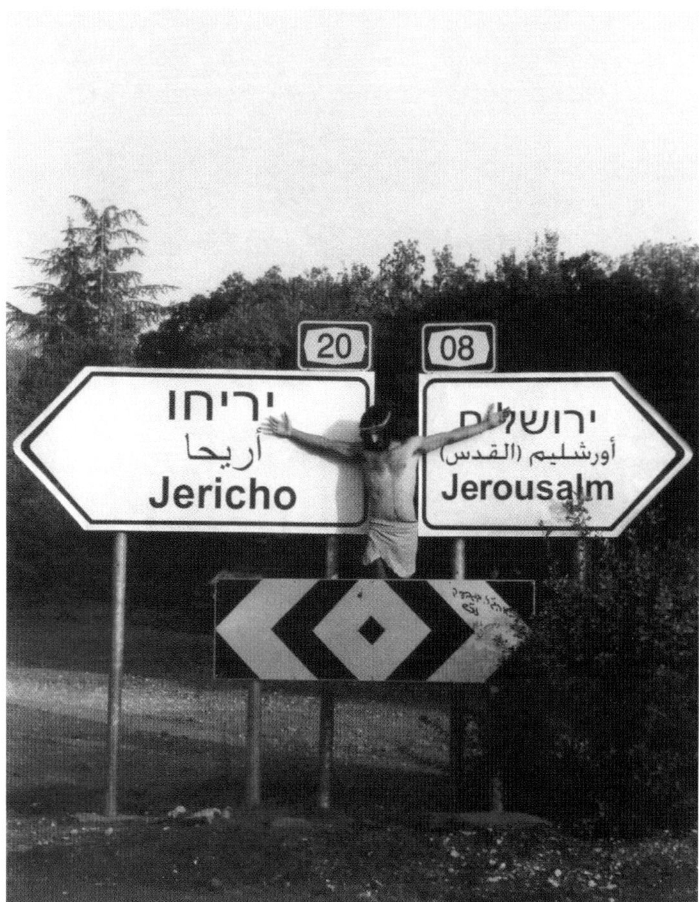

Abb. 56: *Salama Safadi, Signs of Memory, Installation, 2008.*

Priester und ein Levit gingen vorbei, aber ein von den Juden verachteter Samariter half dem Verwundeten.

Jeder von uns wird an die Zeit Jesu und an jenes Gleichnis denken, wenn er die eng zusammengestellten Straßenschilder sieht. Für jeden Palästinenser aber werden sie zu einem „Kreuz",

[20] Aus : Fragile Bodies, The Young Artist of the Year 2008, Quattan Foundation, London, Ramallah 2009, 75.

schreibt der Künstler, denn die Erinnerung an eben die Geschichte Jesu bestimmt nicht nur seinen Glauben, sondern auch seine Identität. „Du siehst den palästinensischen Jesus so deutlich auf diesen Schildern gekreuzigt. Jesus ging hier auf diesem Weg. Jesus ist Teil deiner Erinnerung und der Erinnerung an diesen Ort. Du kannst gar nicht anders, als ihn auf diesen Schildern gekreuzigt zu sehen.“ Was er in seinem Inneren sieht, installiert der Künstler, so daß jeder an diese auch heute noch identitätsstiftende Vergangenheit erinnert wird.

Die Installation hat jedoch weitere Dimensionen. Sie erinnert nicht nur an Jesu Zeiten, sondern wirft Fragen an die politische Situation der Gegenwart auf. Jericho ist Teil der Westbank und ist den Israelis so verschlossen wie Jerusalem den Palästinensern. Das in Jerichos fruchtbarer Erde im Überfluß wachsende Gemüse darf z.B. nicht nach Jerusalem gebracht und dort verkauft werden. Es besteht keine soziale, keine religiöse oder politische Verbindung zwischen diesen Städten. Wird Jesus zwischen ihnen zerrissen? Oder hat er die Kraft, die beiden so geschichtsträchtigen, in den Religionen tief verankerten Städte wieder zu verbinden? Mir scheint, daß der Künstler gerade das mit seiner Installation ausdrücken will: Sie ist ein unüberhörbares Gebet, daß diese Städte wieder so verbunden sein mögen, daß jeder frei und sicher zwischen ihnen hin und her gehen kann und sie zu einer von allen Religionen anerkannten Gemeinsamkeit zusammenwachsen, die ihrer religiösen, ihrer biblischen Bedeutung gerecht wird.

Jerusalem hatte sich über Jahrhunderte nicht verändert. Die Zeit schien dort stillzustehen. Touristen, die nach Jerusalem kommen, erwarten dieses in der Erinnerung noch so lebendige Bild einer Stadt aus biblischen Zeiten. Doch dieses Jerusalem gibt es nicht mehr. Innerhalb von einer Generation hat ein tiefer Wandel stattgefunden. Selbst Sari Nusseibeh erlebt am eigenen Leibe, wie schnell und tiefgreifend die Veränderungen sich innerhalb weniger Jahrzehnte vollzogen haben: „Die dunkle Welt, in der ich jetzt lebte, war nicht mehr jenes unschuldige Jerusalem, das ich als Kind gekannt hatte.“[21]

Die Straßenschilder auf der Installation Safadis sind dreisprachig. Jeder soll wissen: Jerusalem ist nicht allein eine jüdische Stadt. Sie hat eine arabisch/muslimische lebendige Tradition. Aber sie ist auch durch die koloniale Vergangenheit bestimmt. Die Buchstaben des abendländischen Alphabets zeigen, daß die Zeit der Kreuzzüge, die der englischen Besatzung, aber auch die Internationalisierung und Globalisierung in gleicher Weise das Stadtbild prägen. Jesus ist nicht eine Person der Vergangenheit, er ist lebendige Gegenwart. Die Zahlen 2008, das Jahr der Installation, weisen darauf hin: Das alles geschieht heute, ist lebendige Wirklichkeit. Der Gekreuzigte ist bei jedem Menschen, der gefangen und gefoltert, der vertrieben und verlassen wird. Die Schilder scheinen Jesus zuzurufen, er solle Jerusalem und Jericho miteinander versöhnen und Frieden stiften zwischen beiden. Der Weg von Jerusalem nach Jericho sollte allen offen stehen und kein Räuber die Menschen auf diesem Wege bedrohen.

Sliman Mansour, **Eine Frau trägt Jerusalem**, 1979 (Abb. 57)

Die Unterschiede zwischen diesem Bild von **Sliman Mansour** und dem aus dem Jahre 1973, „Der Lastenträger von Jerusalem“ (s.o. S. 24), sind beachtenswert. Dort ist es ein Flüchtling, der Jerusalem nicht „aus den Augen verliert“, wohin ihn seine Flucht auch verschlägt. Hier ist es eine Frau aus Palästina und in Palästina. Sie sitzt auf einem einfachen handgewebten Streifenteppich, der die Struktur der Bordüre ihres Kleides wiederholt. In der Ferne sind die Hügel der Wüste Juda zu sehen. Das frühe Morgenlicht legt sich sanft über die trostlose Öde und schenkt ihr ein freundlicheres Gesicht. Jeder, der einmal die Morgendämmerung in einer Wüste erlebt hat, ist fasziniert von den Gegensätzen: hier die Härte der todbringenden Wüste und dort das frühe Morgenlicht,

21 Sari Nusseibeh, Es war einmal ein Land, 2012, 222.

*Abb. 57 Sliman Mansour,
Eine Frau trägt Jerusalem,
124 × 90 cm, Öl auf Leinwand,
1979.*

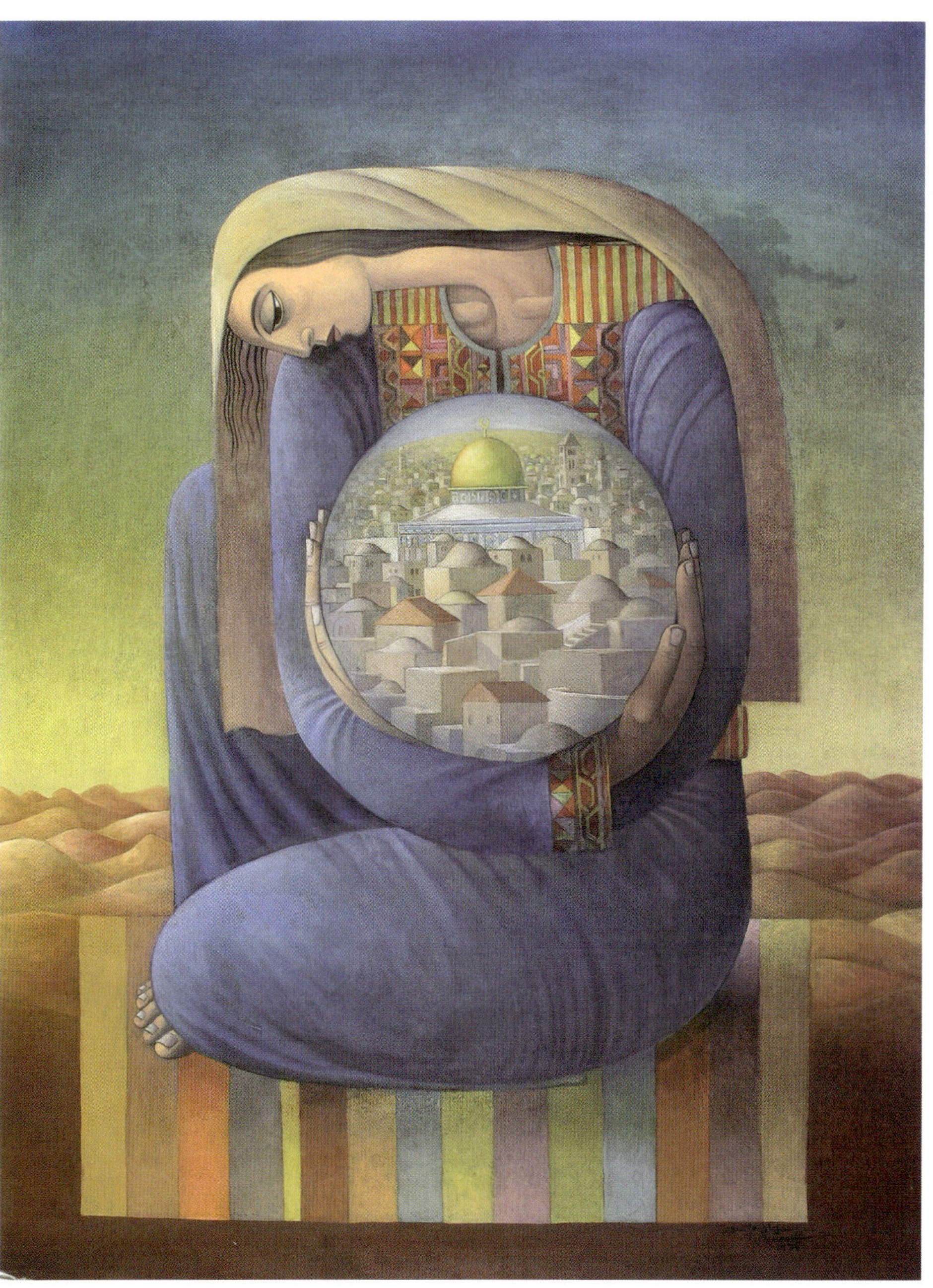

das einen traumhaft zarten Farbschleier über das endlose Braungelb der Wüste legt. Das Gelb des Morgenlichtes drängt sich in das Dunkel des Himmels und gibt ihm einen grünen Hoffnungston. Es wird das Dunkel der Nacht besiegen.

Das Morgenlicht fällt auf das Kopftuch der Frau, tastet vorsichtig ihr Gesicht ab, so daß selbst noch die matte Hautfarbe die Melancholie des Bildes unterstreicht. Jerusalem liegt schon im vollen Morgenlicht. Hell erstrahlt die goldene Kuppel des Felsendomes. Auch wenn er zentraler Blickpunkt des Bildes ist, er verdeckt nicht die anderen Kirchen und läßt Raum für viele Häuser, die sich wie zum Schutz in die Nähe des Felsendomes begeben haben – so im Vordergrund – oder aber den Schutz der Kirche suchen – so die Häuser im Hintergrund.

Jerusalem ist in einem Tondo gemalt. Der Kreis ist das Symbol des Vollkommenen schlechthin und wurde deshalb im Mittelalter bis in unsere Zeit als Hinweis auf Gottes unsichtbare Gegenwart verwendet. Beides ist hier gemeint. Jerusalem ist als Zentrum der Welt eine vollkommene Stadt, weil sie die Stadt Gottes ist, die durch David zum zentralen Tempelbau erwählt und durch Christi Tod und Auferstehung geheiligt ist. Nach ihr ist die himmlische Stadt Gottes genannt, die einst vom Himmel kommen wird, in der es keinen Tempel, keine Kirchen und Moscheen mehr geben wird. Doch die irdische Stadt ist gefährdet, darum ist der Kreis zugleich eine Bitte, daß Gott wie diese Frau stets sein Auge auf sie richten und dies gefährdete Kleinod in seinen Hände halten und schützen möge.

Gott hat keine Hände als unsere, heißt es in einem ökumenischen Lied. Das scheint Mansour mit diesem Bild zu sagen. Wir alle sind dafür verantwortlich, daß dieses Kleinod nicht zerstört und gespalten wird, sondern in seiner Schönheit bewahrt bleibt, auch für die folgenden Generationen.

Doch wer ist diese Frau, in der wir uns alle wiederfinden sollten? Sie trägt das blaue einfache Gewand, wie es die Ikonographie von jeher Maria zuschreibt. Die Bordüren des Gewandes gehören zu palästinensischen Kleidern. Trotz des großen, vornehmen Gesichts und der langen Hände scheint sie eine einfache Frau vom Land zu sein, wie ihre grobgeschnittenen Fußnägel und die Nägel der Hände zeigen. Ist sie also die einfache Frau aus Nazareth, die täglich Wasser aus dem Wasserbrunnen des Dorfes schöpfte und die in Bethlehem ihr Kind zur Welt brachte? Sie trägt Jerusalem wie ein Kind schützend auf ihrem Schoß. Steht sie also für das freie Jerusalem, „die unser aller Mutter ist", wie Paulus schreibt (Gal 4,26), für das himmlische Jerusalem, das wie eine Mutter Schutz, Halt und Wärme für die irdische, umkämpfte, zerrissene Stadt bietet, die so sehr der himmlischen Liebe und Fürsorge bedarf?

Das Bild läßt jedoch auch Gedanken an eine Pieta aufkommen: Der zur Seite gewendete lange Hals, der nach unten dem „Kind" zugewandte Kopf, die aufmerksamen Augen – es sind schwermütige Bewegungen, die durch die fallenden Haare und die Linien des Kopftuches noch unterstrichen werden. All das drückt tiefe Melancholie aus, so als ob die Frau ahnt, daß Golgotha nahe ist.

Die Frau ist eine Palästinenserin, die beides in sich vereint, stolze Vornehmheit und ein schwer geplagtes Leben. Sie trägt voller Sehnsucht, wie alle Palästinenserinnen, das Bild von Jerusalem in ihrem Herzen und möchte es wie ein Kind auf ihren Armen vor allem Unbill schützen. „Maria" ist in der ikonographischen Tradition immer auch ein Bild der Kirche. So darf man das Bild zugleich als einen Aufruf des christlichen Künstlers an die Kirchen der Welt verstehen, alles zu tun, daß diese Stadt die unzerstörte Stadt Gottes bleibt, offen für alle Menschen.

Osama Said, **Das Licht Jerusalems**, 2010 (Abb. 58)
Dies Bild ist eine einzige Hymne auf Jerusalem. **Osama Said** (s. o. S. 74) preist jedoch die Stadt nicht so, wie W. Turner Heidelberg und andere Städte in solch ein goldenes Licht tauchte, daß Türme, Häuser und Brücken der Stadt wie verzaubert erscheinen. Glanz und Dynamik dieses Bildes sprechen eine andere Sprache. Die Stadtmauern Jerusalems sind zwar noch erkennbar, aber sie

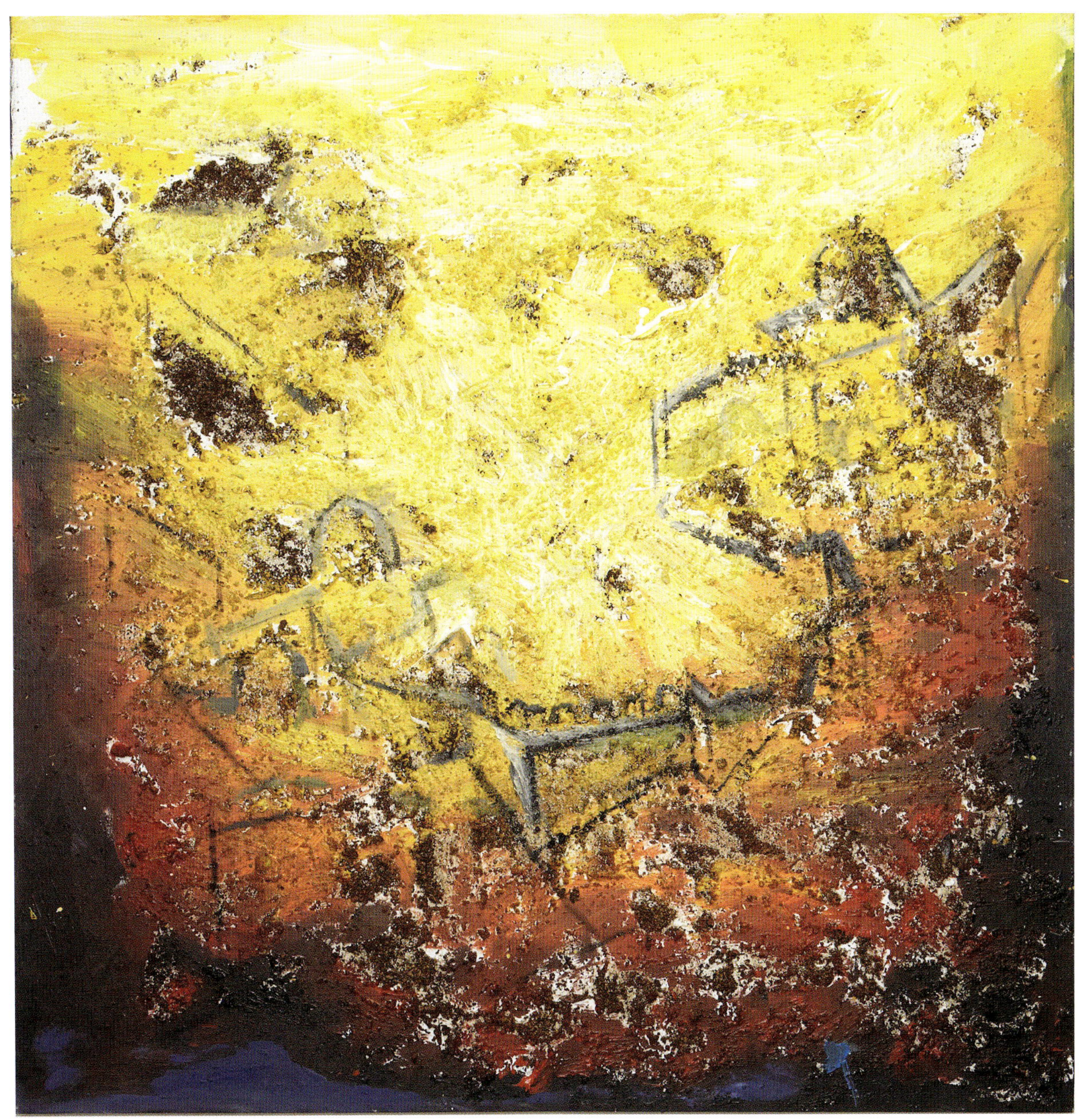

Abb. 58 Osama Said, Das Licht Jerusalems, Öl auf Leinwand, 2010, 140 × 140 cm, 2010.

öffnen sich und verlieren sich im Unendlichen. Sie werden nicht in ein zauberisches Licht gehüllt, um ihre Schönheit zu preisen, sondern sie verlieren ihre Schutzfunktion. Sie werden unwichtig und dürfen bald ganz verschwinden. Die Stadt leuchtet nicht aus sich selbst, sondern wie eine Flutwelle überströmt das Licht die Stadt und durchglüht sie. Selbst die noch sichtbaren restlichen Mauern bilden für das Licht kein Hindernis, es dringt durch sie hindurch. Es mischt sich mit der dunkelroten Glut, die von einem Schwarz aus der Tiefe bedroht wird. Ein starkes Blau unten im Bild stemmt sich gegen die Finsternis.

Hat der Künstler das irdische Jerusalem vor Augen oder drängt sich die Vision vom himmlischen Jerusalem ins Bild, der Stadt, in der es keinen Tempel mehr gibt, da Gott selbst der Tempel sein wird? Einer Sonne und eines Mondes bedarf die Stadt nicht, heißt es in Offb 21 f., denn Gott selbst ist ihr Licht. Seine Herrlichkeit wird alles überstrahlen und erfüllen. Eine Stadtmauer wird es nicht mehr geben, denn Gott wird „eine feurige Mauer um sie her sein“, sagt der Prophet (Sach 2,9). Das Rot der Liebe Gottes umgibt wie ein brennendes Feuer die Stadt und schützt sie vor den andringenden Gefahren aus der Tiefe. Das Blau seiner Treue ist der Garant für die Erfüllung dieser Verheißung.

Said hat die biblischen Texte zu einer großartigen Vision verdichtet und ein Bild gestaltet, das von einer überwältigenden Zuversicht durchdrungen ist. Von Verzagtheit ist nichts zu spüren. Wir haben auf Bildern anderer Künstler oft vorsichtig, gelegentlich dringend die Bitte um ein offenes Jerusalem gehört, doch dieses Bild ist erfüllt von der Gewißheit, daß die Zukunft Jerusalems strahlend und offen sein wird. Keine nationalistische Engstirnigkeit, kein religiöser Fanatismus, keine globale Gleichgültigkeit können das verhindern. Gottes Liebe, seine Verheißungen sind unumstößlich. Es wird ein offenes Jerusalem geben. Denn so lautet die prophetische Ansage der Zukunft: „Jerusalem soll ohne Mauern bewohnt werden … Doch ich will, spricht der Herr, eine feurige Mauer rings um sie her sein und will mich herrlich darin erweisen“ (Sach 2,8 f.).

Ich schließe dieses Kapitel über Jerusalem mit einem Text von Gush Shalom. Die Botschaft der palästinensischen Künstler wird auch auf jüdischer Seite laut.

Jerusalem gehört uns,
Israelis und Palästinensern –
Muslimen, Christen und Juden.

Unser Jerusalem ist ein Mosaik
von allen Kulturen,
und allen Epochen, die die Stadt bereichert haben,
vom frühen Altertum bis auf den heutigen Tag –
Kanaaniter und Jebusiter und Israeliten.
Juden und Muslime,
Römer und Byzantiner,
Christen und Muslime,
Araber und Mameluken,
Palästinenser und Israelis.
Sie alle und ihre Kulturen
haben ihren Anteil an der Stadt,
haben einen Platz in der spirituellen und materiellen Landschaft
Jerusalem.

Unser Jerusalem muß vereint sein,
offen für alle und allen Bewohnern gehörend,
ohne durch Grenzen und Stacheldraht geteilt zu sein.

Unser Jerusalem muß die Hauptstadt sein von zwei Staaten,
die Seite an Seite in einem Land leben –
Westjerusalem als Hauptstadt des Staates Israel
und Ostjerusalem als Hauptstadt des Staates Palästina.
Unser Jerusalem
muß eine Hauptstadt des Friedens werden.

Aus: Jerusalem. Stadt des Friedens,
Jahrbuch Mission 2000, Hamburg, S 10.

Literaturverzeichnis

Allgemeine Literatur

Ateek, N. St., Justice and only Justice. A Palestinian Theology of Liberation, New York 1996.

Ateek, N., Duaybis, C., Tobin, M. (Hrsg.), The Forgotten Faithful. A Window into the Life and Witness of Christians in the Holy Land, Jerusalem 2007.

Bechmann, U., Raheb M. (Hrsg.), Verwurzelt im Heiligen Land. Einführung in das palästinensische Christentum, Frankfurt/M. 1995.

Bock, B., Tondok, W., Palästina. Reisen zu den Menschen, München 2011.

Brown, W. H., Penner, P. F. (Hrsg.), Israeli-Palestinian Conflict, Neufeld 2008.

Collins, R. A. Q., Kassis, R. O., Raheb, M. (Hrsg.), Palestinian Christians on the West Bank. Facts, Figures and Trends, Bethlehem 2012, 2. Aufl.

Darwisch, M., Palästina als Metapher. Gespräche über Literatur und Politik, Heidelberg 1998.

Decken, E. v. d., Briefe aus Jerusalem, Bad Karlshafen 2008.

Feldtkeller, A., Die ‚Mutter der Kirchen' im ‚Haus des Islam'. Gegenseitige Wahrnehmungen von arabischen Christen und Muslimen im West- und Ostjordanland, Erlangen 1998.

Feldtkeller, A., Nothhagel, A. (Hrsg.), Mission im Konfliktfeld von Islam, Judentum und Christentum. Eine Bestandsaufnahme zum 150-jährigen Jubiläum des Jerusalemvereins, Frankfurt/M. 2003.

Gräbe, U., Kontextuelle palästinensische Theologie, Erlangen 1999.

Kumierz, K., Schubert, B., Sinner R. V., Walz, H., Weber, B. (Hrsg.), Grenzen erkunden zwischen Kulturen, Kirchen, Religionen, (FS Chr. Lienemann-Perrin) Frankfurt/M 2007.

Lentin, R. (Hrsg.), Thinking Palestine, London, New York 2008.

Maalouf, A., Mörderische Identitäten, Frankfurt a. M. 2000.

Mansour, J. (Hrsg.), Arab Christians in Israel. Facts, Figures and Trends, Bethlehem 2012.

Mukarker, F., Leben zwischen Grenzen. Eine christliche Palästinenserin berichtet, Karlsruhe 2004, 4. Aufl.

Naher Osten. Christen in der Minderheit. Jahrbuch Mission, Bd. 44, Hamburg 2012.

Nusseibeh, S., Es war einmal ein Land. Leben in Palästina, München 2012, 5. Aufl.

Raheb, M., Ich bin Christ und Palästinenser: Israel, seine Nachbarn und die Bibel, Gütersloh 1995, 2. Aufl.

Raheb, M., Bethlehem Besieged. Stories of Hope in Times of Trouble, Mineapolis 2004.

Raheb, M., Christ und Palästinenser, Berlin 2004.

Raheb, M. (Hrsg.), The Biblical Text in the Context of Occupation. Towards a new hermeutics of liberation, Bethlehem 2012.

Raheb, V., Geboren zu Bethlehem. Notizen aus einer belagerten Stadt, Berlin 2004, 3. Aufl.

Raheb, V., Nächstes Jahr in Bethlehem. Notizen aus der Diaspora, Berlin 2008.

Rohlfs (Hrsg.), Was geschieht eigentlich hinter der Mauer in Palästina? Eine Dokumentation, Selbstverlag 2009, 3. Aufl.

Said, E. W., Kultur und Widerstand. David Barsamian spricht mit Edward W. Said über den Nahen Osten, Zürich 2006.

Sand, Sh., Die Erfindung des jüdischen Volkes. Israels Gründungsmythos auf dem Prüfstand, Berlin 2012, 4.Aufl.

Schubert, K. v., Checkpoints and Chances. Eyewitness accounts from an observer in Israel-Palestine, London 2005.

Steinbach, U. (Hrsg.), Autochtone Christen im Nahen Osten. Zwischen Verfolgungsdruck und Auswanderung, Hamburg 2006.

Viehweger, D., Streit um das Heilige Land. Was jeder vom israelisch-palästinensischen Konflikt wissen sollte. Gütersloh 2013, 4. Aufl.

Literatur zur Palästinensischen Kunst

Ankori, G., Palestinian Art, London 2006.

Boullata, K., Palestinian Art. From 1850 to 2005, London, Berkeley, Beirut 2009.

Mitwasi, F. N., Sliman Mansour. Ein Künstler aus Palästina. Standhaftigkeit und Kreativität, Bethlehem, Petersberg 2008.

Kataloge

Abdi, A., 50 Years of Creativity,Umm al-Fahm Art Gallery, Haifa 2010.

Canaan, A., The Knight, Tamra 2008.

Canaan, A., Sculptures, The Open Museum, Omer Industrial Park (Israel), o. J. (2011).

Children Draw their Dreams, The Palestinian National Theatre, o. J. (2000).

Dweik,T., Behind the Wall, 2005.

Dweik, T., Waiting, 2008.

Faruqi, S. (Hrsg.), Modern Arabic Art, Meem Projects 2012. United Arab Emirates 2012.

Fragile Bodies. The Young Artist of the Year 2008, Ramallah 2008.

Halak, M., Faces and Landscapes, Tel Aviv Museum 2012.

Nabris, K. H. (Hrsg.), Eyewitnesses to the Events. Wall Paintings Project: Palestinian National Theatre, o.J.

Abbildungsnachweis

Abdi, A., Katalog: 50 Years of Creativity, Abb. 26, 27, 28, 29, 48, 49, 50

Ankori, G., Palestinian Art, Abb. 14, 15, 16, 17, 18, 19, 52

Bishara, R., Privat, Abb. 37, 38

Boullata, G., Palestinian Art, From 1850–2005, Abb.1, 2, 3.3 13, 20, 35, 36

Canaan, A., Katalog, Sculptures, Abb. 33; Katalog, The Knights, Nr. 31, 32

Dweik, T., nach einer Postkarte, Abb. 54

Halak, M., Katalog, Faces and Landscapes, Abb. 21, 22, 23, 24, 25

Hazimeeh, I., Postkarten, Abb. 46, 47

Katalog: Eyewitnesses to the Event, Abb. 55

Katalog: Fragile Bodies, Abb. 56

Mitwasi, F. N., Sliman Mansour, Abb. 4, 5, 6, 7, 8., 9, 10, 11, 12, 42, 57

Dies., Portfolio, Abb. 44, 45a und b

Stäbler, T., Photos, Abb. 30, 34, 39, 40, 41, 43, 53, 58

Sundermeier, W., Photo, Abb. 51